2ᵉ Edition

Parcours de visionnaire

« Ceux qui se confient en l'Eternel renouvellent leur force. Ils prennent le vol comme les aigles, ils courent, et ne se lassent point, ils marchent, et ne se fatiguent point. » Esaïe 41/30

Patricia Esther Secke

Parcours de visionnaire

Par

Patricia Esther Secke

Copyright © 2011 Patricia Secke

ISBN
978-2-9539304-0-5

EAN

9782953930405

Pour commander le livre aller sur
www.amazone.com

Ou écrivez à
patricia.secke@outlook.com

SOMMAIRE

REMERCIEMENTS

Je remercie le Seigneur Jésus d'avoir orienté ma destinée et de m'avoir choisie comme ouvrière dans sa moisson.

Je remercie toutes les personnes qui m'ont soutenue dans mes afflictions, dans mes moments de détresse, ainsi que toutes celles qui ont cru en moi.
Je tiens très sincèrement à remercier Aurelia Mendes Talamaku, Mado Delcazi, Nona Chili, pour leur soutien précieux.

Je dis merci à tous les pasteurs qui m'ont enseignée la parole de Dieu depuis le début de ma conversion et qui ont contribué à me donner de la nourriture solide dans mon ascension spirituelle depuis 2007 jusqu'à ce jour.

Un merci particulier au Pasteur Elie Kiti, c'est par sa prédication que j'ai donné ma vie au Seigneur ; au Pasteur Jean Paul Munganga, qui m'a enseigné l'obéissance à la parole de Dieu, l'humilité, m'a conduit à la repentance et au baptême. Le Révérend Charles Talingano qui a fait de moi une femme de foi par ses exhortations et ses enseignements sur la foi ; il a planté en moi la semence de la foi qui éteint tous les traits enflammés de l'ennemi. Merci pasteur Talingano, que la puissante main de Dieu soit sur vous continuellement jusqu'au retour de notre Seigneur et Maitre Jésus-Christ de Nazareth.

DEDICACE

Ce livre est dédié avec beaucoup d'affection à mon époux le Dr Léopold Moise Secke, qui avec amour et tendresse me soutient dans ma mission. Ses encouragements dans les moments difficiles m'ont beaucoup réconfortée. Je remercie L'Eternel qui a répondu à mes prières en choisissant pour moi quelqu'un selon ses desseins. Que la grâce de Dieu repose sur mon époux, et que le Saint-Esprit conduise chacun de ses pas vers le salut éternel au nom puissant de Jésus-Christ de Nazareth.

PREFACE DE L'AUTEURE

L'ouvrage « Parcours de visionnaire » est mon autobiographie, le témoignage de ma conversion et ma glorieuse rencontre avec mon sauveur personnel Jésus-Christ de Nazareth.

En revoyant le film de ma vie, je réalise à quel point la main de grâce de l'Eternel m'a continuellement couverte de son ombre, quelque soient les circonstances malheureuses ou heureuses par lesquelles je suis passée.

Je me dois aujourd'hui dans cet ouvrage de témoigner de la réalité de Dieu, par ses actes et ses empreintes dans ma vie. Ses miracles, ses prodiges et même les tribulations et afflictions juste après ma conversion (son touché) en 2007 et jusqu'à ce jour sont un signe qui confirme son appel dans ma vie.

Avec beaucoup de recul, dire que je me suis convertie en 2007 est un bien grand mot, car aujourd'hui je réalise que la conversion à Jésus-Christ est un processus, un apprentissage, une école de perfectionnement dans laquelle on se renouvelle tous les jours dans la sagesse infiniment variée de Dieu, en délaissant à chaque instant les bribes d'ignorance de sa connaissance qui nous maintiennent dans la captivité et dans l'égarement.

Je m'attelle donc toujours à vivre une vie de sanctification pendant mon pèlerinage terrestre afin que le Saint-Esprit, mon consolateur continue son merveilleux ouvrage en moi, en me convainquant de péché, qu'il continue de me conduire dans toute la vérité, d'illuminer les yeux de mon cœur, de m'annoncer les choses avenir tel que le Maitre Jésus-Christ avait promis à ceux qu'il n'a pas perdu.

Après être passée par toute sorte d'égarements, de péchés, après avoir obtenu un diplôme d'Ingénieure en Marketing et Stratégies Commerciales à l'ISEG (Institut Supérieur Européen de Gestion) de Paris en 1999 sans trouver un emploi dans une multinationale tel que j'aspirais, après avoir tourné en rond en tentant de réaliser des projets infructueux, c'est finalement en 2006 que je reçois une instruction claire dans un songe : une voix audible : « Ma fille, il est temps pour mi de restaurer mon peuple, je le ferai par les femmes, organise des Congrès qui rassemble les femmes du monde entier ».

Je dois dire que lorsque je reçois cette instruction, je suis une fervente catholique, allant à l'église tous les dimanches et faisant des neuvaines de prières à tous les saints imaginables dans les églises de Paris. En même temps, je fréquente régulièrement les diseurs et diseuses de bonne aventure et je suis convaincue que je suis « enfant de Dieu » en multipliant les amants de haut rang pour espérer tomber sur un multimilliardaire.

C'est dans cet état spirituel que le Seigneur me donne cette instruction qui va radicalement changer le cours de ma vie……tout du moins qui va ramener ma vie sur son cours normal selon Dieu.

Psaume 113 : « …6 Il abaisse les regards Sur les cieux et sur la terre. 7 De la poussière il retire le pauvre, Du fumier il relève l'indigent, 8 Pour les faire asseoir avec les grands, Avec les grands de son peuple ».

Dieu est souverain, il fait comme il veut avec qui il veut pour accomplir ses desseins d'après le conseil de sa volonté.

Le contenu de cet ouvrage est une succession de prodiges et de miracles depuis ma conversion. Je l'ai écrit sur instruction de Dieu qui m'a rappelé que ces miracles n'ont pas été pour moi uniquement, mais aussi pour édifier et encourager plusieurs dans leur marche chrétienne et dans leur foi.

Dans sa parole, il nous est recommandé de publier les hauts faits de l'Eternel.

Psaume 105 : « 1 Louez l'Eternel, invoquez son nom! Faites connaître parmi les peuples ses hauts faits! chantez en son honneur! Parlez de toutes ses merveilles! 3 Glorifiez-vous de son saint nom! Que le cœur de ceux qui cherchent l'Eternel se réjouisse! »

En priant que le Saint-Esprit vous édifie pendant le « parcours de visionnaire ».

Bonne lecture et soyez transformés par le Renouvellement de votre Esprit.

Patricia Esther Secke

INTRODUCTION

Le 16 décembre 2008, j'ai pris l'engagement de m'ouvrir à la direction du Saint-Esprit, de lui soumettre toute chose et d'en attendre la réponse. Je venais, au moment de prendre cette décision, de comprendre que pour que je puisse réaliser ma mission sur cette terre des humains, la marche avec Jésus était indispensable, non plus marcher avec Jésus par des paroles, mais marcher avec Jésus avec mon cœur ; c'est-à-dire suivre ses directives : par les Saintes Ecritures et par la direction de son Esprit.

Notre merveilleux Seigneur ne nous a rien caché et nous a recommandé de marcher par son Esprit comme cela est indiqué dans le chapitre 16 et au verset 13 du livre de Jean : « Quand le consolateur sera venu, l'Esprit de vérité, il vous conduira dans toute la vérité ; car il ne parlera pas de lui-même, mais il dira tout ce qu'il aura entendu et il vous annoncera les choses à venir ».

Cette révélation m'a permis de sortir de la religion, de la crainte, de la peur et la paix de Dieu, qui surpasse toute intelligence, m'a remplie ; cette paix garde mon cœur et mes pensées en Jésus-Christ. J'ai découvert ma véritable nature, la nature d'enfant de Roi, de fille de Dieu qui fait confiance à son Père.

J'ai réalisé la grâce abondante de l'Eternel sur ma vie. Pourquoi avait-Il choisi de m'utiliser moi pour une si grande mission ? Je n'ai rien de plus qu'une autre personne, sinon la grâce, je ne suis pas plus intelligente que quiconque, c'est seulement par la puissance de Dieu et pour sa gloire.

La prise de conscience de cette grâce sur ma vie m'a confortée dans ma marche avec Christ. Je sais à présent une chose, c'est que j'accomplirai ma mission à condition de garder les yeux fixés sur Jésus, en le consultant lui et lui seul ; car, la révélation de Jésus est le moteur de l'accomplissement de ma vision sur cette terre. Galates 1 verset 15 : « Mais lorsqu'il plut à celui qui m'avait mis à part dès le sein de ma mère et qui m'a appelé par sa grâce, de révéler en moi son fils, afin que je l'annonçasse parmi les païens, aussitôt, je ne consultai ni la chair, ni le sang. »

Ce 16 décembre 2008, je me trouvais à Washington en Amérique, où je m'étais rendue deux mois auparavant pour les préparatifs du troisième Congrès International de la Femme Noire qui devait se tenir en République Démocratique du Congo à Kinshasa. Une mission que le Seigneur m'avait confiée vers la fin de l'année 2006, dans un songe.

Je travaillais pour la promotion des talents de femmes depuis 2003, ma première expérience s'est faite au Cameroun lorsqu'en 2004, j'ai organisé un événement pour les femmes, dans l'objectif de promouvoir leurs talents : « Les Palmes de l'Excellence Féminine », un événement mettant en valeur la femme qui réalise des projets avec peu de moyens.

La même année un Congrès inédit de la femme noire leader s'était tenu à Paris à l'Unesco, organisé par la franco-martiniquaise Sandra Monthieux Pelage. À la suite de la première édition des Palmes de l'Excellence Féminine à Douala au Cameroun, je rentrai en contact avec Sandra Monthieux Pelage, qui vivait alors à Houston en Amérique et moi à Paris. Elle avait entrepris d'organiser un second Congrès de la femme Noire Leader à Houston en 2005 et nous nous sommes accordées pour travailler ensemble pour la réussite de cette initiative.

J'avais la charge de faire la promotion du congrès en Afrique et en Europe et j'y ai conduis une délégation d'environ 20 personnes. Après avoir connu un échec total, notre beau projet s'est arrêté ; parce qu'environ quarante participantes au total représentaient l'audience, dans une salle réservée pour deux mille personnes.

J'ai continué à travailler dans la promotion des talents de femmes en Afrique. En 2006, Dieu s'est révélé à moi et m'a ordonné de continuer cette mission, de rassembler les femmes noires, non pas seulement d'Afrique, mais du monde entier, pour un but que j'ignorais à l'époque ; connaissant la nature humaine, ma crainte était que Sandra revendique la primeur de ce concept visant à rassembler les femmes noires.

Mais très vite, en effectuant des recherches dans ce domaine, j'ai découvert que Dr. Dorothy. I. Height avait en 1935 aux Etats-Unis, organisé le premier rassemblement des femmes noires. Après cette découverte, j'ai su qu'un jour Sandra reviendra travailler avec moi. Je ne sais pas actuellement où elle se trouve, mais ma prière c'est de la voir revenir pour qu'ensemble nous poursuivions le travail que nous avions commencé.

Juste après l'engagement de suivre la direction du Saint-Esprit le 16 Décembre 2008, j'ai soumis à son appréciation la situation à laquelle je faisais face : sans emploi, sans argent, devais-je trouver un travail et travailler sur la mission après avoir fait des économies ? J'avais déjà organisé deux grands Congrès de femmes et accumulé pas mal de dettes, fallait-il travailler et attendre un meilleur moment pour poursuivre?

     Patricia Esther Secke

Trois jours plu tard, je devais repartir sur Paris pour deux mois. Etant dans une situation financière précaire, j'ai demandé au Saint-Esprit si sa volonté était qu'en arrivant à Paris je cherche un emploi qui m'aidera à vivre et à payer les nombreuses dettes qui ne faisaient que se resserrer autour de moi ; et j'attendais la réponse.

Le 19 décembre 2008, j'ai embarqué à bord de Northwest Airlines, en direction de Paris via Amsterdam. A 17h35, les turbulences commencèrent à secouer l'avion et je me mis à intercéder et à prier en esprit (en langues). Juste à cet instant, je reçu immédiatement la réponse que j'attendais ; la réponse à la question que j'avais posée au Saint-Esprit trois jours avant de voyager. Elle était claire : « écris et témoigne de mes bienfaits pour toi, fais connaitre parmi les peuples mes hauts faits et ton salaire en découlera». J'ai eu la confirmation de cette révélation dans les saintes écritures disant : « Bois les eaux de ta propre citerne et celles qui jaillissent de ta fontaine » Proverbes 5, verset 15.

En vous présentant le début du parcours de ma vision, l'objectif ici est d'encourager les nombreux visionnaires qui sont en gestation. Le monde dans lequel nous vivons est en manque de visionnaires ; l'Afrique a besoin de visionnaires ; les femmes ont besoin de visionnaires ; les jeunes ont besoin de modèles dans la société pour aspirer à une vie meilleure.

Laissez le flot de la grâce de Dieu couler sur vos vies ; abandonnez-vous totalement à son Esprit ; ouvrez Lui votre cœur ; débloquez votre destinée et impactez votre génération au nom de Jésus-Christ notre Seigneur.

Chapitre 1

MES PAS VERS MA MISSION

Chapitre 1: MES PAS VERS MA MISSION

Ma biographie

Je suis née d'une famille camerounaise. En 1992, j'ai quitté le Cameroun après mon baccalauréat littéraire pour me rendre en France pour la poursuite de mes études supérieures.

Ma mère souhaitait que je me spécialise dans l'interprétariat car j'ai une tante qui exerçait ce métier et qui gagnait bien sa vie. Pour faire plaisir à ma mère, je me suis inscrite à la Faculté des Lettres et Sciences Humaines à Nantes, en cours de Langues Etrangères Appliquées. Ce cursus ne me passionnait pas, et j'avoue que j'étais une élève moyenne qui était plutôt attirée par des études sur le Leadership et les Relations Internationales.

Au bout de deux ans, sans le dire à ma mère, je me suis orientée vers une école de Commerce, pour un cursus en Marketing et Stratégies Commerciales. En 1999, j'ai obtenu mon Diplôme d'Ingénieur en Marketing et Stratégies Commerciales à l'Institut Supérieur Européen de Gestion de Paris. J'étais heureuse, prête à trouver le meilleur emploi et à réaliser mes rêves professionnels : travailler dans une multinationale, ou être Directrice Marketing dans une grande compagnie en France. Cependant, mes rêves se sont très vite estompés car la réalité sur le terrain était tout autre chose.

Mes Déboires

Je me suis lancée dans la recherche d'emploi pendant deux ans : sans résultat. La recherche d'emploi ne fut pas simple, j'ai expérimenté la discrimination, le rejet, j'ai passé des nuits blanches sur internet à la recherche d'emploi, envoyer des curriculum vitae aux entreprises par mail, par fax, par les sociétés d'intérim, et quelques fois, le matin, je recevais des convocations aux entretiens d'embauche concluantes par téléphone ; seulement, lorsque je me présentais pour la signature du contrat, ma couleur ne correspondait pas aux critères de choix de ces entreprises françaises.

Mon rêve, celui de travailler dans les multinationales a commencé à s'assombrir et j'ai commencé à m'inquiéter sérieusement. Deux ans passés, je ne recevais plus d'aide de mes parents et je venais d'avoir 31 ans.

Diplômée, sans emploi, loyers impayés, frustrations, j'ai rencontré par la grâce de Dieu mon premier mari, Roger Faraut, et quelques mois plu tard nous nous sommes mariés en juin 2002.

J'ai eu un regain d'espoir et je pensais que mes frustrations et mes problèmes étaient terminés. Mais très vite, j'ai été désillusionnée lorsqu'il m'a demandé de participer à toutes les charges de la maison. La frustration persistait et j'ai dû, pour être libre financièrement, prendre la première offre d'emploi qui se présentait à moi, sans que l'employeur me dise qu'il ne peut pas me payer à ma juste valeur à cause de mon niveau d'études et de la qualité de mon diplôme.

Pour cela, j'ai donc dû réduire les compétences apparaissant dans mon curriculum vitae, faire disparaitre tout mon cursus d'ingénieur en Marketing, et ne laisser apparaitre que la partie du baccalauréat obtenu à Douala et la partie des deux années passées à l'université de Nantes. C'est ainsi que je fus embauchée dans une société de voyages qui organisait des croisières dans le monde entier. Bien entendu, je n'étais bonne qu'à faire de la réception d'appels téléphoniques et à porter du courrier aux responsables des différents départements.

Au bout de deux mois, l'assistante du Directeur Marketing fut mutée à Toulon dans le sud de la France. J'ai pensé que c'était une aubaine pour moi d'essayer de postuler ce poste en interne. J'ai pris la résolution de rencontrer l'Assistante du Patron et de lui dire clairement que j'étais

                    Patricia Esther Secke

diplômée de l'ISEG de Paris, et que pour des raisons économiques, j'ai dû baisser mon niveau de compétences.

De toute façon je n'avais rien à perdre, j'avais peut-être un poste d'assistante Marketing à gagner. Comme on dit: « qui ne risque rien n'a rien » le rendez-vous pris, mon vrai Curriculum Vitae (avec cursus universitaire et diplôme de l'ISEG de Paris) en poche, je me suis entretenue avec cette responsable qui au départ semblait gentille et compréhensive.

Après mon exposé, elle m'a dit qu'elle en parlerait au grand patron. Malheureusement, je n'ai jamais eu de réponse en dehors d'une pression silencieuse qu'elle me faisait subir. Je fus « gentiment »renvoyée de l'agence de voyages trois semaines plu tard. La conseillère intérimaire qui m'avait embauchée m'a relaté que cette assistante du Directeur Général avait eu ce poste en interne et du fait de son ancienneté, elle est passée d'assistante marketing à assistante de Direction Générale. Elle n'avait pas le diplôme que j'avais et pour préserver sa place, la seule chose à faire était de m'écarter rapidement. Ce qui fut fait au bout de trois semaines.

Nous étions déjà en 2003. Fatiguée, je me demandais ce que j'allais faire. J'avais envie d'être véritablement indépendante, j'avais envie de réaliser des choses, de servir. Et là, l'idée m'est venue de créer une entreprise. J'avais la méthode, puisque je l'ai apprise à l'école de Commerce, je me suis dit que ça allait être un jeu d'enfant, mais très vite aussi, la réalité sur le terrain était différente.

Mon grand-père était chef cuisiner, ma mère est propriétaire d'un restaurant au Cameroun (une des meilleures tables de la capitale économique), mon frère est également cuisinier, diplômé de l'école hôtelière de l'île de Noirmoutier en France. Pourquoi ne me lancerais-je pas dans un concept inédit de restauration fine africaine en région parisienne?

Je pensais avoir un plan qui me sortirait de ma galère. Je me suis précipitée à la Chambre de Commerce et de l'Industrie d'Evry en France. Deux semaines plu tard, mon entreprise était créée. Une nouvelle loi française venait de sortir sur l'accompagnement financier des jeunes diplômés d'Ecoles Supérieures qui souhaitaient se lancer dans la création d'entreprise. Je correspondais parfaitement à ces critères de sélection et pour moi, j'avais une chance de m'en sortir !

J'ai rencontré plusieurs organismes de financement accrédités par l'Etat pour des jeunes diplômés de ma catégorie. J'ai rempli dossier sur dossier, j'ai fourni documents sur documents, malheureusement, je n'ai jamais pu obtenir les fonds dont j'avais besoin, ni l'appui que promettait le gouvernement français pour démarrer mon projet et je me suis retrouvée à la case départ.

Qu'allais-je faire ? J'ai réalisé peu à peu la réalité de la discrimination qui sévissait dans les institutions et dans les compagnies françaises contre l'épanouissement professionnel des immigrés ; dès cet instant, quelque chose a commencé à bouillir en moi. C'est ainsi que j'ai créé une association en France, dont l'objectif était de reconnaître les compétences et talents des femmes noires, de valoriser leur travail et de les emmener à prendre leur destin en main.

Il fallait que je fasse quelque chose pour moi et les femmes noires confrontées aux mêmes frustrations, aux mêmes problèmes ; je devais tirer la sonnette d'alarme.

On les compte par milliers, les femmes qui, comme moi, ont des idées, font des choses ingénieuses, et restent dans l'ombre inconnues, elles font pourtant activement tourner l'économie de leur pays par leur travail.

Les femmes africaines fournissent l'épine dorsale de l'économie rurale dans une grande partie de l'Afrique subsaharienne. Environ 80 % de la main-d'œuvre féminine économiquement active est employée dans l'agriculture, et les femmes constituent environ 47 % de la main-d'œuvre agricole totale. Actuellement, les ressources et énergies fournies par les femmes et les jeunes filles ne sont pas prises en compte dans le calcul du produit intérieur brut. Cette sous-estimation des ressources économiques nationales africaines a une influence négative sur les priorités d'investissement et de modernisation.

Des secteurs dans lesquels les femmes travaillent de manière informelle (industrie alimentaire, hydraulique domestique, industrie pharmaceutique, quincaillerie,) ne sont pas inscrits dans les répertoires nationaux des priorités d'investissement.

Dans le cadre de l'organisation que je venais de créer, j'ai initié en 2004 au Cameroun, la Première Cérémonie des Palmes de l'Excellence Féminine. Une cérémonie destinée à promouvoir les talents de femmes dans tous les secteurs d'activités. J'ai compris que la femme africaine avait une contribution importante dans le monde, elle avait surtout besoin de prendre conscience de ce qu'elle représente sur l'échiquier continental et mondial. Par la position qu'elle occupe dans l'économie africaine, la femme doit prendre son rôle au sérieux et s'impliquer davantage dans les conseils d'administration des grandes compagnies locales et dans les institutions gouvernementales.
En Amérique, le problème du positionnement des femmes noires est aussi sérieux. Elles sont mises dans des stéréotypes par les medias et la société dans son ensemble « leur poids, bruyantes, paresseuses, ne vivent que de l'aide sociale, ont de nombreux enfants de pères différents, sont

                              Patricia Esther Secke

sans éducation ». Pourtant, malgré les discriminations, les afro-américaines se positionnement sur la scène des affaires et ont de plus en plus de succès, bien qu'elles ne soient pas à l'honneur dans les medias. Elles sont entrain de démontrer au monde que, comme toutes les autres femmes, elles sont intelligentes, et ont beaucoup à donner au monde.

Ma rencontre avec Sandrah Monthieux Pelage

A la suite de l'événement initié au Cameroun en décembre 2004, je rentre en contact avec Sandrah Monthieux Pelage, cette charmante dame martiniquaise qui est à l'origine de la traduction anglaise de : *Hommage à la Femme Noire*, (*In Praise of Black Woman*) livre en 6 volumes, de l'écrivaine d'origine guadeloupéenne Simone Schwarz-Bart. Sandrah Monthieux Pelage a fait de la reconnaissance des talents et de la contribution de la femme noire au monde son *leitmotiv*. Plus de sept ans au service de cette cause ont donné naissance au Congrès mondial de la femme noire leader à Paris en 2004 ; Congrès auquel j'ai d'ailleurs participé.

Nous avons très vite accordé nos violons, car nous comprenions l'urgence de la situation la situation de la femme noire qui était, en définitive très isolée et qui ne jouissait pas d'une très grande visibilité. Nous étions conscientes que la femme africaine, qu'elle soit de la diaspora ou du continent, n'était pas toujours très consciente de l'importance de la contribution qu'elle pourrait faire valoir dans le monde entier.

Sandrah et moi étions d'accord pour travailler ensemble et pour organiser la deuxième édition du Congrès des femmes noires leaders qu'elle envisageait de lancer à Houston au Texas en octobre 2005 aux Etats-Unis. Travailler aux cotés de Sandrah fut un apprentissage, j'ai su ce que c'est que travailler avec une personne qui a de la personnalité, une carrure intellectuelle, des connaissances géostratégiques pertinentes.

J'étais passionnée par son discours visant à promouvoir la femme noire leader dans le monde ; comme toute jeune femme noire ambitieuse, j'étais motivée. Seulement, j'avais le fardeau de cette femme africaine, de cette femme noire qui n'est pas leader, qui a quelque chose à donner, à faire valoir et à apprendre, cette femme noire qui compte sur l'échiquier économique national, régional et même mondial, mais que personne ne regarde ; cette femme faisait partie de ce mouvement global.

Les résultats du congrès de Houston n'étaient pas fameux ; de pratiquement 800 personnes ayant participé à Paris en 2004, on est arrivé à environ 50 personnes maximum à Houston. Ce fut un échec ! Les raisons de cet échec m'échappent encore jusqu'à ce jour, les participantes en ont gardé cependant un bon souvenir ; J'ai revu Sandrah à Paris quelques mois après cette expérience, puis je n'ai plus entendu parler d'elle ; pour moi, elle était toujours à Houston aux USA.

Sandrah a une responsabilité dans ce combat, dans cette mission, car Dieu l'a dotée de talents complémentaires.
Je prie que la promesse de Dieu la ramène et que son œuvre s'accomplisse. De retour à Paris, plusieurs participantes d'Afrique et d'Europe m'ont suggéré de poursuivre cette initiative qui a pour objectif de créer un réseau de femmes noires de toutes les couches sociales, afin d'initier de véritables projets de sociétés.

En 2006, j'étais à mille lieux de m'imaginer que sensibiliser, promouvoir et rassembler la femme noire du monde entier pour la réalisation d'une Afrique et sa diaspora intégrée, serait ma mission. J'ai reçu dans un songe des instructions précises sur la poursuite de cette œuvre inachevée.

J'ai entendu une voix qui m'a dit : « voici ce que je veux que tu fasses : organise des Congrès de femmes noires, poursuis cette œuvre inachevée » j'ai simplement répondu un peu inquiète : « Mais Seigneur, je ne m'y connais pas et par ou vais-je commencer ? En plus, Sandrah va dire à tout le monde que je lui ai pris son concept ». La voix rassurante m'a dit : « Ne t'inquiète pas pour Sandrah, elle viendra travailler avec toi. »

C'est ainsi que je me suis lancée dans l'organisation du 1er Congrès International de la Femme Noire qui s'est tenu en janvier 2007 à Paris à l'espace Grande Arche de la Défense. Une nouvelle appellation qui intégrait les femmes non-leaders, destinées à devenir performantes, chacune dans son secteur d'activités. Il s'agissait d'intégrer les femmes noires de toutes les couches sociales et du monde entier.

Aujourd'hui, nous marchons vers la réalisation de ces objectifs et je prie de tout cœur pour Sandrah Monthieux Pelage et sa famille, je prie pour ses enfants et que la bonne main de Dieu soit sur leur vie. Ils avaient leur résidence à Houston au Texas aux USA, lieu où ils vivaient depuis déjà de nombreuses années. Mais aujourd'hui, personne ne sait exactement où elle se trouve avec sa famille. Que Dieu les protège.

   Patricia Esther Secke

Mon divorce

En 2005, j'ai dû divorcer de mon mari, suite à de nombreuses incompréhensions dans le couple et surtout parce que mon mari ne m'encourageait pas dans ma mission, il ne me percevait pas comme une visionnaire et ne voulait surtout pas que je me lance dans ce projet. Nous avons dû nous séparer à l'amiable. C'était la solution, car il était impossible pour moi d'arrêter ma vision et il était impossible pour lui de vivre avec une femme qui prétendait avoir de grands projets pour l'Afrique.

Chapitre 2
MA CONVERSION

Chapitre 2 : MA CONVERSION

Les circonstances qui m'ont emmenée à Jésus : Le Premier Congrès International de la Femme Noire 2007.

Enthousiaste et très excitée à l'idée d'organiser le Congrès International de la Femme Noire, je me suis entourée d'une équipe qui me semblait correcte : cette équipe était constituée de personnes que je connaissais comme professionnels, des amis volontaires, mais sans trop d'expérience. Novice dans le monde des affaires et naïve, j'ai trop vite fait confiance à tout le monde et à toutes les propositions qui m'étaient faites pour la meilleure réussite du congrès.

Résultat : pour un premier essai, le congrès fut une réussite en termes de participants, nous avons eu trois cents femmes venues d'horizons divers. Des intervenants de qualité avec des thèmes enrichissants, des femmes Ministres et deux Premières Dames d'Afrique. Cependant, sur le plan financier ce fut une catastrophe, le compte des résultats affichait « cent soixante-cinq mille euros de dettes » 165.000 euro de déficit.

Le jour qui suivait le Congrès, j'ai vite compris que j'étais dans de sérieuses difficultés et seule face à ce désastre financier. Les amis que j'avais et sur qui je pouvais compter ont tous disparus. L'angoisse grandissait, les créanciers me harcelaient par courriers et par téléphone. Je subissais des menaces à n'en plus finir et une oppression indescriptible. Je me demandais comment avais-je pu en arriver là.

Un jour au volant de ma voiture, je conduisais sans savoir où j'allais, arrivée à un rond point, j'ai fait plusieurs fois le tour et je me suis écriée : Seigneur montre moi le chemin, je ne sais où aller. Comment vais-je faire ? Comment vais-je régulariser cette situation ? Ou vais-je trouver 165 mille euros pour payer mes dettes ? Sans compter mes besoins de survie quotidiens ? Décidément, je n'étais pas sortie de l'auberge ! Dans quoi m'étais-je engagée ? Comment avais-je pu en arriver là ?

Sans le savoir, je venais de prier la prière que Dieu nous demande de faire lorsque nous sommes en détresse : « invoque-moi et je te répondrai » Jérémie 33, verset 3, Dieu a entendu mon cri et une amie, Sandra Lecefel m'a appelée pour me dire qu'elle m'avait vue en songe la nuit d'avant, j'étais dans un cercueil, mais pas morte. Elle m'a dit que j'avais besoin de prières et m'a invitée à assister à une réunion de prières un mercredi du mois de février 2007.

                    Patricia Esther Secke

J'y suis allée, il y avait environ une dizaine de personnes, elles ont prié pour moi et je suis rentrée chez moi. Quelques jours plu tard, mon amie Isabelle Kiti m'a invitée à son église en région parisienne dans la banlieue de Montrouge et c'est là que j'ai accepté et reçu Jésus-Christ comme mon sauveur et Seigneur. C'était le début de mes pas dans la connaissance de la parole de Dieu : la Bible.

Jésus-Christ est le chemin, la vérité, la vie. Ce n'est qu'en lui qu'on peut réaliser sa destinée sur cette terre. Il y a des bénédictions qu'on ne reçoit que lorsqu'on a Jésus. Si tu me lis et que tu n'as pas encore reçu Jésus-Christ comme Seigneur et sauveur, je t'invite à le faire et tu verras la gloire de Dieu dans ta vie, tu réaliseras tes rêves, même ceux qui te semblent impossibles, car avec Dieu tout est possible.

Six mois après avoir accepté de marcher avec Jésus-Christ comme mon sauveur, je grandissais doucement dans ma foi par des enseignements, des exhortations et par la lecture de la bible.
J'avais l'habitude de boire du cognac et je prenais du vin rouge à chaque repas. Lorsqu'on me faisait la remarque sur ce gout prononcé sur l'alcool, je brandissais l'excuse de Jésus qui a changé l'eau en vin et je me faisais une bonne raison pour continuer à boire.

Jusqu'au jour où, dans mon sommeil, une voix me réveilla vers 5h 00 du matin et très, clairement, j'entendis cette voix citer de façon précise et très claire le verset suivant : « Esaïe 5 verset 22 ». Surprise, je me dis « mais qu'est-ce que c'est » ?

Je décidai de me rendormir en me disant « je vais chercher ce passage à mon réveil », mais impossible de me rendormir, j'ai allumé, j'ai ouvert ma bible et j'ai découvert avec étonnement ce verset que je n'oublierai jamais : « Malheur à ceux qui ont de la bravoure pour boire du vin, et de la vaillance pour mêler des liqueurs fortes » Esaïe 5 verset 22.

J'étais étonnée ! Je me suis demandé comment était-ce possible que Dieu nous connaisse de façon fondamentale, jusqu'à nos défauts les plus profonds, effectivement, j'avais de la bravoure pour boire le vin rouge et de la vaillance pour boire du cognac qui est une liqueur très forte. DIEU lui-même, venait de me parler personnellement, sans intermédiaire. J'ai compris que j'étais cernée et que je devais prendre cet avertissement au sérieux ».

 J'avais déjà reçu la mission que Dieu m'avais assignée, mais je pensais pouvoir continuer à vivre comme avant, comme une personne qui n'avait pas été mise à part, vivant par les lois et les habitudes de ce monde, en assouvissant mes désirs et mes envies comme je le voulais ; mais j'ai compris plus tard que lorsque tu reçois un appel d'en haut, (de Dieu) c'est une sainte vocation, c'est quelque chose de sacrée qui doit être jalousement gardé de tout compromis ou souillure ; j'ai compris qu'être élue demande un temps consacré au dépouillement spirituel et à une vie de sanctification.

Notre Dieu appelle ses élus à la sanctification, dans Lévitique 10 versets 9-10, il est écrit : « Tu ne boiras ni vin, ni boisson enivrante, toi et tes fils avec toi, lorsque vous entrerez dans la tente d'assignation (lorsque vous serez mis à part), de peur que vous ne mouriez …afin que vous puissiez distinguer ce qui est saint de ce qui est profane, ce qui est impur de ce qui est pur ».

Nous sommes pour Dieu un sacerdoce royal, un peuple mis à part pour ses desseins. Les personnes choisies de Dieu ne doivent pas vivre n'importe comment, nous avons été crées à l'image et à la ressemblance de Dieu, nous sommes tellement précieux à ses yeux qu'il nous dit dans Proverbes, chapitre 31 verset 4 : « Ce n'est point aux rois de boire du vin, ni aux princes de rechercher des liqueurs fortes ».

Je me demandais toujours pourquoi Dieu avait permis à certaines personnes de boire du vin en leur offrant de l'eau changée en vin, mais j'ai compris un peu plus tard pourquoi : Dieu a ses élus avec lesquels il travaille et ceux là doivent atteindre un niveau de sanctification qui permette de réaliser des choses pour Dieu sur la terre. Proverbes 31 verset 14 : « Par moi les rois règnent et les princes ordonnent ce qui est juste». Dieu appelle ses élus à régner avec lui sur cette terre et à ordonner sa justice, c'est pour cela qu'il dit : « je confirme la parole de mon serviteur et j'accomplis ce que prédisent mes envoyés ». Esaie 44, verset 26.

Après avoir lu cet avertissement d'Esaie 5 verset 22 sur l'alcool, j'étais perplexe pendant plusieurs jours, cependant, je continuais à boire du cognac et du vin. Un soir, je me suis servi la moitié d'un petit verre de cognac, cet avertissement était de plus en plus présent dans mon esprit, ce passage de la bible retentissait dans mon esprit comme une cloche, que j'ai fini par me lever, j'ai longuement regardé la bouteille qui était à deux mètres de moi et je lui ai dit : « cognac, je me sépare de toi, car j'ai choisi d'obéir à la voix que j'ai entendue ».

J'ai pris la bouteille de cognac et je l'ai vidée dans l'évier de la cuisine. Et je n'ai plus jamais bu de cognac jusqu'à ce jour. Nous étions en juillet 2007.

Après cet acte de séparation avec le cognac, j'ai continué cependant à boire du vin rouge en me disant qu'un verre en mangeant ne fait pas de mal et ce n'est pas aussi fort qu'une liqueur, je prenais pour prétexte le passage des écritures où l'apôtre Paul recommande à Timothée de boire un peu de vin : « ne continue pas à ne boire que de l'eau, mais fais usage d'un peu de vin, à cause de ton estomac et de tes fréquentes indispositions ».1Timothee 5, verset 23.

Je me faisais une bonne raison de boire du vin avec ce verset, mais en le lisant bien et en examinant mon cas, je n'avais pas de problème d'estomac et je n'avais aucune indisposition fréquente.

Jusqu'à ce 12 février 2008 où je reçus encore la visitation du Dieu d'alliance, celui qui m'avait mise à part, est venu une seconde fois me parler; il m'a dit : « ma fille, est-ce que tu sais que tu es mon miracle ? Et que je ferai de toi mon miracle? J'ai senti comme une chaleur qui m'a envahie et je me suis mise à pleurer sur mes péchés, j'ai répondu : « oui Père, je le sais…. Et j'ai entendu ensuite : Alors es-tu prête à arrêter de boire « ton verre de vin » pour moi ? Es-tu prête à être pure pour moi ? »…. Et j'ai répondu : oui Seigneur je suis prête.

Dieu nous connaît, il savait que je ne voulais pas arrêter de prendre du vin à table et que j'avais déjà fait l'effort d'arrêter le cognac. Dieu est le Dieu du vouloir et du faire, cette voix était si douce, pleine d'affection, d'amour et de compassion. Il m'était impossible de lui résister.

Dieu est miséricordieux, il est amour et lorsqu'il vient faire alliance, il apporte une promesse pour remplir sa part de contrat. Dieu voulait m'utiliser comme un instrument à travers lequel il allait accomplir ses desseins ;

Sa promesse c'est qu'il ferait des miracles à travers moi et sa condition, c'est-à-dire ma part du contrat, c'est que je devais être pure pour lui, pure pour recevoir de lui, pure pour discerner ce qu'il attend de moi, pure pour être équipée pour ma mission et pure pour recevoir les outils nécessaires pour opérer dans le couloir dans lequel il m'a prédestinée.

Notre alliance était conclue ! Je ne bois plus une goutte d'alcool ; je sais une chose, c'est que je n'échouerai jamais, quelles que soient les embûches de l'ennemi et même si je marche dans la vallée de l'ombre de la mort je ne craindrai aucun mal, car sa houlette, son bâton et sa promesse me rassurent. Gloire soit rendue à Dieu, d'éternité en éternité, Amen !

Chapitre 3
DEBUT DE MA CONSECRATION

CHAPITRE 3: DEBUT DE MA CONSECRATION

La première chose que Jésus a faite en moi lorsque je me suis convertie, c'est qu'il a rempli mon cœur de paix. Il est le prince de paix et procure la paix qui surpasse tout entendement. Malgré tous les problèmes qui m'environnaient, j'avais en moi l'espérance que tout allait se régler.

Je savais que Jésus prendrait soin de tous mes fardeaux, comme il nous le promet en disant : « Venez à moi, vous tous qui êtes fatigués et chargés et je vous donnerai du repos. Prenez mon joug sur vous et recevez mes instructions, car je suis doux et humble de cœur; et vous trouverez du repos pour vos âmes, car mon joug est doux et mon fardeau léger. » Matthieu 11: 28-30.

J'avais la paix et j'étais disposée à recevoir les instructions de Jésus, j'avais une soif inexplicable de le connaître, je voulais l'écouter, recevoir de lui, savoir qui était ce Jésus qui m'avait procuré une paix totale. Je ne dormais plus, le mardi et le vendredi j'étais à l'étude biblique, le dimanche, j'étais à l'église, je passais des nuits blanches à écouter des enseignements sur des sites internet comme www.enseignemoi.com et sur www.topchretien.com

Je restais des journées entières chez moi sans sortir, j'avais besoin de Dieu, je lisais des enseignements sur internet, sur la foi, sur la marche avec Dieu, sur la consécration, la sanctification, la gloire de Dieu et sur la volonté de Dieu.

Mes problèmes financiers n'étaient pas réglés, j'avais encore des dettes, je n'avais pas de travail fixe, mais j'avais la paix, une paix inexplicable, une paix que les amis, la famille et le monde ne donnent pas, mais que seul Jésus-Christ donne.

Peu à peu, j'ai commencé à être libérée de l'emprise des choses mondaines, des attitudes que les saintes écritures interdisent, mais qui accommodent tout le monde : je me suis débarrassée de tous les amis de plaisir et de fêtes que j'avais et qui finalement ne pouvaient pas remplacer le trésor que je venais de découvrir et de recevoir en Jésus-Christ.

Je me suis également séparée d'un entourage qui finalement, n'avait plus les mêmes centres d'intérêts que moi, les mêmes conversations et la même manière de voir les choses. J'étais de plus en plus mal à l'aise dans les boîtes de nuit et j'ai arrêté d'y aller. Je m'éloignais dans ma quête du Seigneur ; j'étais de plus en plus solitaire et j'évitais des conversations malsaines de tout ordre :   médisances,   critiques,   mensonges, disputes, manipulations.

Lorsqu'on n'a pas la crainte de Dieu, on ment facilement et gratuitement ; souvent, ces mensonges ne sont pas nécessaires. Jésus-Christ est la vérité, il se définit comme la vérité, celui qui prétend être chrétien et qui prétend marcher avec Jésus ne doit pas mentir. Si cela arrive, il faut se repentir immédiatement.

Dans ce désir de consécration à Dieu, je me suis retrouvée dans une église où les enseignements bibliques étaient plus profonds ; j'avais besoin de développer mes connaissances dans les Saintes Ecritures et connaître la pensée de Dieu. Il faut être sensible à l'orientation du Saint-Esprit.

Avant de changer d'église, j'étais dans une église où on critiquait énormément le couple pastoral, surtout la femme du pasteur. Je faisais partie, avec mes sœurs en Christ préférées, de ces personnes qui critiquaient ; il y avait des clans et des groupes dans l'église. Mais j'ai commencé très vite à ressentir une gêne, un malaise dans cette atmosphère. Le jour où le pasteur appelait à la paix à l'église en prêchant un message de repentance pour l'abandon des clans dans l'église, on faisait la paix et le même soir on recommençait les critiques.

J'avais pris la décision de quitter cette église sans être influencée par qui que ce soit, d'ailleurs, je n'avais pas dit à mes copines que je partais. Je sentais en mon fond intérieur que pour grandir dans ma foi, j'avais besoin d'aller dans les profondeurs de Dieu pour la mission qui m'attendait. Ma place était ailleurs.

Après le culte du dimanche, je suis partie de là en sachant que je ne reviendrai plus, mais je ne savais pas où aller le dimanche d'après. Le samedi soir en me couchant, j'ai demandé au Seigneur de me conduire et de me dire où il voulait que je prie le lendemain. A mon réveil le dimanche matin, je n'ai reçu aucun son de cloche.

Puis je dis à haute voix, Seigneur, où vais-je te rencontrer ce matin? J'ai entendu cette douce voix qui m'a dit « il y a une église ici à quelques mètres de chez toi, vas-y ».

Par la foi, j'y suis allée. Dans cette église qui m'a accueillie « Eglise la Louange », Dieu avait tout préparé, des enseignements bibliques étaient dispensés par petits groupes, deux ou trois fois par semaine et par niveau. Les responsables de l'église étaient disponibles.
Le Saint-Esprit a véritablement commencé à me transformer par les enseignements, par la

puissance des écritures et ma foi a commencé à grandir. Les enfants de Dieu périssent par manque d'enseignement et de connaissance de la parole de Dieu. Pour être délivrés du joug de ce monde hostile dans lequel nous vivons et des tribulations à venir, nous devons prendre la parole de Dieu au sérieux et la mettre à exécution. C'est l'ignorance du but de la parole de Dieu qui nous pousse à pécher et à désobéir aux préceptes de Dieu et à bafouer ses ordonnances.

L'ignorance tue l'homme, Osée chapitre 4 verset 6 dit : « Mon peuple est détruit, parce qu'il lui manque la connaissance. Puisque tu as rejeté la connaissance, je te rejetterai et tu seras dépouillé de mon sacerdoce; Puisque tu as oublié la loi de ton Dieu, j'oublierai aussi tes enfants ». Le manque de connaissance parfaite sur Dieu et sur sa volonté tue l'homme ; la volonté de Dieu est dans sa parole qui est la bible.

Toutes les situations auxquelles nous faisons face dans le monde sont clairement exposées dans la bible et toutes les solutions y sont également. Les sciences humaines, les diplômes montrent que l'homme est doué et zélé dans la connaissance profane du monde, sans pour autant chercher à connaitre la parole de Dieu qui est la source de toute chose.

Les saintes écritures m'ont appris qu'un médecin a la connaissance, mais en pratiquant l'avortement, il commet un meurtre et c'est une occasion de chute pour sa patiente qui plus tard pourra payer les conséquences de la stérilité. Un avocat connait la loi, mais en plaidant la cause d'un vrai coupable pratique le mensonge. Le manque de science n'est pas bon pour l'homme, mais la science ne doit pas être maîtresse de l'homme. Proverbes 19 versets 2 à 3 : « Le manque de science n'est bon pour personne, et celui qui précipite ses pas tombe dans le péché. La folie de l'homme pervertit sa voie, Et c'est contre l'Éternel que son cœur s'irrite.»

L'ignorance des lois de Dieu pousse à la rébellion et les conséquences du péché causent la rupture de la communion entre Dieu et l'homme, l'homme est séparé de Dieu, il n'y a pas de contact, pas de face à face. Dieu cache sa face à l'homme et sa prière devient une abomination, il s'en suit la mort spirituelle, traduite comme l'athéisme, l'incrédulité, le doute de l'existence de Dieu, l'idolâtrie et toutes les religions ; cette mort spirituelle causée par le péché peut devenir éternelle si le pécheur ne se repend pas, ne renonce pas à ses voies et n'accepte pas de changer de comportement.

Le péché est la base des malheurs de l'homme ; l'homme de péché perd sa qualité d'enfant de Dieu, il est lié et devient esclave de Satan. : « En vérité, en vérité, je vous le dis, leur répliqua Jésus, quiconque se livre au péché est esclave du péché ». Jean 8, verset 34.

J'ai également pu être enseignée, par la grâce de Dieu, sur les pratiques qui rendent les hommes captifs, sur les formes de péchés et leurs conséquences dans nos vies : la débauche et ses dérivés (vol, détournement, fraude, mensonge, les excès de table, tabagisme, ivrognerie, la cupidité, l'avarice) sur l'idolâtrie (le fait d'adorer ou servir la créature, au lieu du créateur) et les formes et pratiques idolâtres telles que : la participation dans les associations mondaines, le fait d'avoir les objets familiers d'idolâtrie chez soi, la consommation de l'argile de la terre, les ouvrages de magie et de sciences occultes, certains cadeaux reçus de certaines personnes, les objets gagnés aux jeux de hasard, les objets insignes du zodiaque, les objets des religions orientales, la cure d'eau, les champignons des indes, les images et statuts représentant des personnes célestes, la croix de Jésus, l'eau bénite, certains objets familiaux qui promettent la richesse.

Toutes ces pratiques peuvent être des conséquences des désordres et liens dans nos vies et Dieu a été clair et ferme sur ses pratiques : « Tu n'auras pas d'autres dieux devant ma face. Tu ne te feras point d'image taillée, ni de représentation quelconque des choses qui sont en haut dans les cieux, qui sont en bas sur la terre, et qui sont dans les eaux plus bas que la terre. Tu ne te prosterneras point devant elles et tu ne les serviras point ; car moi, l'Éternel, ton Dieu, je suis un Dieu jaloux, qui punit l'iniquité des pères sur les enfants jusqu'à la troisième et la quatrième génération de ceux qui me haïssent et qui fait miséricorde jusqu'à mille générations à ceux qui m'aiment et qui gardent mes commandements. » Exode 20, verset 3 à 6.

Gardons les commandements du Seigneur pour assurer des bénédictions à nos enfants, à notre postérité jusqu'à mille générations.

Je me souviens qu'à l'époque où je fréquentais assidûment l'église traditionnelle, j'achetais beaucoup les livres de prières sur les prières des saints, prière à saint Charlemagne, sainte Rita pour les causes désespérées, sainte Thérèse de l'enfant Jésus, saint Antoine pour les personnes voulant les enfants, des livres sur la magie blanche, sur les neuvaines de prières dont certaines exigeaient d'allumer des bougies, ou de prier avec un chapelet, etc.

Ces formes de prières à la lumière de la parole de Dieu sont considérées comme des arts magiques ;

parce que la bible nous dit qu'un seul est Saint : c'est Jésus-Christ, qui dit « je suis le chemin, la vérité et la vie, nul ne vient au Père que par moi ». Cela signifie que le seul intermédiaire et médiateur entre Dieu et les hommes c'est Jésus, car il est mort à la croix du calvaire pour réconcilier les hommes avec Dieu et il nous a rendu libre du joug de Satan, en payant par son sang le prix de la réconciliation.

La rupture entre moi et Dieu m'a emmenée à le rechercher en dehors de sa parole, dans les livres des saints, par des pratiques de neuvaines à n'en plus finir, je recherchais la puissance dans ces pratiques de prières avec des bougies et des chapelets, or il est écrit dans la bible que pour croitre en puissance, il faut abandonner, renoncer à ces pratiques et mettre la parole de Dieu en pratique : Actes 19, verset 18 et 19 : « Plusieurs de ceux qui avaient cru venaient confesser et déclarer ce qu'ils avaient fait. Et un certain nombre de ceux qui avaient exercé les arts magiques, ayant apporté leurs livres, les brûlèrent devant tout le monde … C'est ainsi que la parole du Seigneur croissait en puissance et en force».

Au début de ma conversion, il était difficile pour moi de pardonner certaines injustices commises contre moi. Mais avec les enseignements que j'ai reçus sur le pardon, j'ai compris qu'il est important de pardonner ceux qui nous offensent afin que Dieu également nous pardonne les offenses que nous faisons aux autres. Le pardon renforce l'efficacité de nos prières et nous donne la même compassion que Jésus avait lorsqu'il a dit : « Père pardonne leur, car ils ne savent pas ce qu'ils font ». Luc 23, verset 34. Le pardon est une puissante source de libération, le pardon libère l'action du Saint-Esprit. Dieu agit puissamment au travers d'une prière faite dans un esprit de vérité. Le pardon est la condition fondamentale pour qu'il y ait une communion réelle entre Dieu et l'homme. Si tu as pardonné, ta prière trouvera exaucement.

Les études et enseignements sur la parole de la délivrance m'ont fait beaucoup de bien et m'ouvrent les yeux dans ma marche continuelle avec le Seigneur. Seul Dieu délivre ! La délivrance est l'affranchissement total d'une personne qui vivait sous un esclavage satanique ou démoniaque et qui recouvre la liberté totale : « C'est pour la liberté que Christ nous a affranchis. Demeurez donc fermes et ne vous laissez pas mettre de nouveau sous le joug de la servitude». Galates 5, verset 1.

Si de nos jours, le peuple demeure encore malheureux, c'est parce qu'il n'est pas du tout réellement libre ou affranchi, Jésus est celui qui nous a affranchi afin que nous soyons réellement libres. Il est donc essentiel de connaitre la clé de la liberté, qui est la parole de Dieu comme cela est indiqué dans Jean 8, verset 32 : « Vous connaîtrez la vérité et la vérité vous affranchira. »

La délivrance est indispensable pour tout être humain, pour tout chrétien. De nos jours, le diable est présent même dans les assemblées chrétiennes, beaucoup d'enfants de Dieu vivent dans les chaînes de la servitude satanique, semblables à des chèvres attachées par de longues cordes, mais ils ont la possibilité de se déplacer sur une bonne distance comme s'ils étaient libres, mais en réalité, ils sont sur l'emprise de la puissance des ténèbres.

Ils ne vivent pas en paix, leur vie n'évolue pas et l'oppression du monde les accable. La délivrance vient de Dieu, elle est l'œuvre divine et non humaine.

Je vivais auparavant dans un environnement où les lois de Dieu n'étaient pas respectées, j'avais besoin de délivrance pour que ma mentalité soit renouvelée, je criais à Dieu, et je lui présentais sincèrement mes problèmes, je lui avouais mes péchés sans détours et sans rien cacher, je me repentais, je m'humiliais devant Dieu comme le suggèrent les saintes écritures : « ... connais Dieu… et sers-le d'un cœur dévoué et d'une âme bien disposée, car l'Eternel sonde tous les cœurs et pénètre tous les desseins et toutes les pensées.

Si tu le cherches, il se laissera trouver par toi; mais si tu l'abandonnes, il te rejettera pour toujours. » 1 Chroniques 28, verset 9b.

Etant de plus en plus affermie dans ma foi et commençant à prendre la parole de Dieu très au sérieux, j'ai ressenti au plus profond de moi-même le besoin de me faire baptiser. Dans les enseignements reçus, j'ai compris l'importance du baptême d'eau et du baptême du Saint-Esprit.

C'est au travers du baptême d'eau que nous faisons partie de l'église, du corps de Christ, puisque c'est Jésus qui est la tête de l'église, l'église n'est pas un bâtiment, l'église c'est l'ensemble des vrais chrétiens. C'est au travers du baptême d'eau que nous pouvons accéder aux bénédictions promises par l'Eternel : « Celui qui croira et qui sera baptisé sera sauvé, mais celui qui ne croira pas sera condamné. » Marc 16, verset 16.

Tout engagement passe d'abord par la repentance, par le renoncement de ce qu'il y avait avant : renoncer au péché et le reste se fera par la grâce de Dieu. C'est Dieu qui confirme cet engagement par le baptême du Saint-Esprit tel qu'indiqué dans le livre des actes des apôtres. Actes 2, verset 38 : « Repentez-vous, et que chacun de vous soit baptisé au nom de Jésus-Christ, pour le pardon de vos péchés; et vous recevrez le don du Saint-Esprit. »

En m'engageant à servir Dieu, j'ai accepté de payer le prix, je ne fais pas ce que je veux faire, mais ce que celui qui m'engage veut que je fasse. Je me suis engagée à quitter ce que je faisais pour faire ce que Dieu m'a montré et m'a demandé de faire. Comme partout, un engagement accompagne un geste ou un contrat et des témoins visibles (les hommes) et invisibles (les anges et les démons).

Lors de mon baptême d'eau, je me suis engagée à mettre la parole de Dieu en pratique par la grâce de Dieu et la force du Saint-Esprit (puisque de moi-même je n'en suis pas capable), c'est pour cette raison que j'ai reçu le don du Saint-Esprit qui m'aide à marcher dans la sanctification, et Dieu s'est engagé à veiller sur moi. Mon engagement s'appelle le baptême d'eau, c'est moi qui prends l'initiative de suivre les voies de Jésus.

Quand Dieu s'engage vis-à-vis de moi, il répond par le baptême du Saint-Esprit qui se manifeste par le fruit de l'esprit, qui est la joie permanente et le don de l'esprit, qui est le parler en langues, les dons spirituels qui conduisent à la crainte de l'Eternel, l'esprit de Dieu qui m'édifie personnellement.

Le symbole de l'immersion est égal à la mort des membres qui nous poussent au péché. Spirituellement, notre corps est mort au péché, il ne se sentira plus à l'aise dans le péché, c'est surtout la repentance qui va nous conduire, le baptême va nous aider à marcher dans la sanctification et à fuir le péché.

Nous devenons une même plante avec Jésus. En sortant des eaux, le péché reste dans l'eau et nous sortons avec une nouveauté de vie, quand Dieu nous regarde, il voit Christ. Nous sommes appelés à être l'extension de la gloire de Dieu sur cette terre. Nous ne devons pas jouer avec notre salut.

Dieu est un Dieu illimité qui peut nous donner tout ce que nous voulons. Ma prière quotidienne c'est que Dieu me garde pure ; que Dieu me garde fidèle à lui dans ce monde hostile où nous vivons des temps difficiles, où la confusion règne, où la Vérité semble avoir été voilée.

Sans la volonté et la puissance de Dieu, nous ne pouvons rien faire, il est celui qui dispose nos cœurs afin que le Saint-Esprit nous enseigne dans toute la vérité.

Tous ces enseignements m'ont édifié et m'ont aidé dans le processus de ma consécration à Dieu. En abandonnant les plaisirs du monde et les désirs égoïstes, j'avais la force de persévérer, Dieu est fidèle et toujours derrière sa parole pour l'accomplir, il ne peut pas nous éprouver au-delà de nos forces, car il est amour et il sait lorsque nous sommes disposés à le suivre.

Ma consécration à Dieu et à la mission qu'il m'a confiée continuent quotidiennement. J'ai besoin d'être davantage consacrée par la prière, pour suivre ses instructions, ses directives, ses recommandations et pour entendre sa voix ; car Jésus dit : « Mes brebis entendent ma voix; je les connais et elles me suivent » Jean 10 verset 27.

Le début de ma consécration s'est fait dans des difficultés énormes de février 2007 à septembre 2008. Un an et demi de circonstances difficiles pour apprendre de Dieu, Dieu avait créé un vide autour de moi pour me former et me préparer à la mission qu'il avait pour moi. Dieu m'a ramenée à un état de dépendance totale de lui. Je devais tout lui donner de moi, pour pouvoir tout recevoir de lui. Dieu m'a fait quitter toutes mes attaches avec le monde pour me faire tout posséder tout dans son royaume.

Dieu nous met à part pour nous équiper à la guerre, car Jésus dit : « Ne croyez pas que je sois venu apporter la paix sur la terre; je ne suis pas venu apporter la paix, mais l'épée » Matthieu 10.34.
Nous vivons dans un monde dirigé par le diable qui a pour objectif de nous détruire, de nous avilir

et nous faire perdre notre dignité d'enfant de Dieu créé à l'image de Dieu. Nous vivons une période de tribulations et de conspiration où le Seigneur a besoin de vrais fidèles pour son œuvre ; nous vivons des jours mauvais.

L'actualité internationale nous montre des faits se rapportant à des signes de la fin des temps : les crises en Afrique, au Moyen orient, les cataclysmes terrestres qui se déroulent aujourd'hui et qui vont encore déferler dans le monde dans les jours qui viennent, les guerres, les bruits de guerres, les tourments, les faux prophètes, une nation qui se lève contre une nation, un royaume qui se lève contre un royaume.

Dieu a besoin de vrais disciples, d'une armée mise à part pour être dotée de toutes les armes nécessaires pour vaincre sur cette terre. Et pour y arriver, nous devons marcher dans la vérité, porter le flambeau de la justice, marcher dans la parole de Dieu et selon l'instruction stratégique de guerre suivante : Ephésiens 6, verset 10 à 18 : « …. Car nous n'avons pas à lutter contre la chair et le sang, mais contre les dominations, contre les autorités, contre les princes de ce monde de ténèbres, contre les esprits méchants dans les lieux célestes. C'est pourquoi, prenez toutes les armes de Dieu, afin de pouvoir résister dans le mauvais jour et tenir ferme après avoir tout surmonté. Tenez donc ferme : ayez à vos reins la vérité pour ceinture ; revêtez la cuirasse de la justice ; mettez pour chaussure à vos pieds le zèle que donne l'Évangile de paix ; prenez par-dessus tout cela le bouclier de la foi, avec lequel vous pourrez éteindre tous les traits enflammés du malin ; prenez aussi le casque du salut et l'épée de l'Esprit, qui est la parole de Dieu… »

Si nous ne marchons pas selon cette instruction stratégique de guerre donnée par la parole de Dieu, nous aurons du mal à éteindre les traits enflammés du malin sur cette terre et dans cette "jungle" qu'est cette apostasie de la fin des temps ; et malgré les multiples prières, le nombre d'années que nous avons passé à l'église tous les dimanches, sans la sanctification, nous perdrons la guerre et le monde à ce moment-là nous demandera, où est votre Dieu ?

En mettant en pratique des ordonnances de Dieu, j'ai eu la grâce de sortir assez rapidement des difficultés et de l'impasse dans laquelle je me trouvais, j'ai progressivement découvert la beauté de Dieu, sa grandeur, sa puissance et j'ai reçu des révélations extraordinaires.

Chapitre 4

DIEU D'ALLIANCE ET DE MIRACLE

Chapitre 4: DIEU D'ALLIANCE ET DE MIRACLE

DESERT ET IMPASSE TOTALE

J'avais accepté Jésus-Christ comme mon Seigneur et mon sauveur et j'étais déterminée à marcher dans la consécration, cependant, j'avais toujours 165 mille euros de dettes suite au premier Congrès de femmes Noires que j'avais organisé en 2007 : une partie des frais d'inscription des participants avait été détournée par l'agence événementielle à qui j'avais confié l'organisation du Congrès. Leur ayant fait confiance, je me suis rendu compte plus tard qu'elle m'a facturé quarante mille euros la salle de Congrès de l'Espace Grande arche de la défense à Paris, alors que sa location coûtait 11 mille euros, les traiteurs ont surfacturé les repas à vingt mille euros par repas pour deux jours. Plusieurs femmes avaient participé sans vouloir s'acquitter des frais d'inscription, ni des frais de repas.

Une délégation de 25 femmes venant d'Afrique et soutenue financièrement par leur Président de la République ne s'est pas acquittée de sa facture d'environ quinze mille euros, correspondant aux frais d'hôtel impayées, les repas consommés, les formations pour lesquelles notre organisation s'était engagée à réserver les paiements. Une africaine du Gabon s'est proposée de contribuer à la réussite du Congrès par la recherche de sponsors.

Deux sociétés de cosmétiques ont accepté de contribuer à hauteur de cinq mille euros chacune et nous devrions lui reverser pour ses démarches la somme de cinq mille euros par contrat signé, elle a encaissé les dix mille euros directement aux sociétés et a disparu. Sans compter des stands occupés par des participantes qui ont choisi de ne pas payer leurs frais de location de stand. C'était la confusion totale, je découvrais le monde dans lequel je vivais.

Seule dans cette impasse, j'ai eu droit au rejet de ma famille, à l'abandon de quelques amis et à toutes sortes de galères telles que l'interdiction bancaire. Je n'avais plus de compte en banque, ma voiture était sans assurance, faute de moyens et parfois, je n'avais que deux ou cinq euros en poche pour seulement manger une boîte de haricots blancs et du riz.

Il n'y avait que Dieu pour me sortir de cette situation chaotique. Je priais nuit et jour, je méditais la parole de Dieu, j'allais à l'église tous les jours ouvrables. Je passais des heures dans la prière, personne ne pouvait m'aider. Les amis qui m'appelaient pour prendre de mes nouvelles, voulaient simplement savoir si j'allais vraiment m'en sortir. Un dimanche en sortant de l'église après un culte joyeux, j'étais heureuse, remplie d'espérance et très confiante en Dieu pour la solution à mes problèmes dans un avenir proche. Arrivée à ma voiture, je constate que mon rétroviseur gauche a été volé, (tout pour m'ôter ma joie et me faire plonger dans l'amertume et le découragement), mais la parole que je venais d'écouter à l'église avait tellement pris racine en moi que j'ai fixé le socle d'où le rétroviseur avait été volé et j'ai dit : « Satan, ne pense pas que tu vas me voler ma joie aujourd'hui, je m'en sortirai, car Dieu est avec moi».

Un autre soir en rentrant chez moi, je me suis rendu compte qu'on m'a coupé le courant alors que je n'avais reçu aucune facture ; fatiguée de cette oppression, j'ai craqué, j'ai crié à Dieu, j'ai pleuré et pendant que je pleurais, cette parole de Jésus a résonné dans mon oreille de manière rassurante : « vous aurez des tribulations dans le monde, mais prenez courage, j'ai vaincu le monde ». Comme si une énergie venait d'être injectée en moi, je suis sortie de mes lamentations, j'ai bondi de mon siège, j'ai pris le téléphone et j'ai appelé EDF, la compagnie d'électricité pour savoir ce qui se passait. Quelqu'un de compréhensif m'a répondu au téléphone et m'a dit qu'il ignorait la cause de cette coupure qui n'était pas justifiée, il a envoyé un technicien qui a rétabli le courant une demi-heure plus tard.

J'utilisais ma voiture uniquement pour me rendre à l'église. Un mardi soir en rentrant d'une réunion de prières et chantant des cantiques, je débouche sur un rond point avec au moins dix véhicules de policiers qui contrôlaient toutes les voitures qui passaient : je n'avais pas d'assurance véhicule depuis six mois (ce qui est interdit par la loi en France et passible d'immobilisation du véhicule) et mon rétroviseur gauche qu'on m'avait volé quelques semaines auparavant n'était toujours pas remplacé. Je me suis écriée avant d'arriver à mon tour de contrôle : « Seigneur Jésus toi seul peut me sortir de ce piège ».

Arrivée au niveau de l'officier de police qui devait me contrôler, à peine j'ai baissé la vitre de la voiture pour l'écouter, elle m'a dit : « Allez-y madame ! Fuyez ! ». J'ai démarré en trombe sans me le faire dire deux fois et je suis partie en louant et en remerciant Jésus qui venait de me sortir de cette situation qui m'aurait valu la mobilisation de ma voiture et une forte amende. Ma foi m'a sauvée. Comme Jésus disait lui-même dans ces cas-là : « va ! Ta foi ta sauvée » Luc 7 verset 50.

Un dimanche, je devais me rendre à l'église, mais je n'avais pas un franc pour mettre de l'essence dans ma voiture. J'ai demandé au Seigneur jusqu'à quand j'allais encore rester dans ce désert. La douce voix du Saint-Esprit me dit « tu as dix euros dans un de tes sacs, va chercher dans la chambre », j'y vais nonchalamment, car j'avais déjà fouillé tous mes sacs depuis le début de mes galères et je savais que je n'avais rien. Je cherche dans un, deux, trois, quatre, cinq sacs, je ne trouve rien et je dis « mais il n'y a rien dans ces sacs », j'entends « cherche bien dans le sac gris, ouvre la fermeture ». J'ai ouvert la fermeture du sac gris et que vois-je ? Dix euros. Alléluia ! Ces dix euros étaient pour moi comme une fortune, j'étais heureuse de pouvoir aller écouter une fois de plus la parole du Seigneur.

Je tiens à remercier mes amis Isabelle et Timothée Kiti qui m'ont beaucoup soutenue pendant ces moments difficiles ; plusieurs fois ils ont fait le plein d'essence dans ma voiture et plusieurs fois ils m'ont procuré de quoi me nourrir pendant des semaines. Que Dieu bénisse abondamment ce couple et se souvienne d'eux dans sa miséricorde et selon sa promesse : « vous qui êtes bénis de mon Père; prenez possession du royaume qui vous a été préparé dès la fondation du monde, car j'ai eu faim et vous m'avez donné à manger; j'ai eu soif et vous m'avez donné à boire; j'étais étranger et vous m'avez recueilli; j'étais nu et vous m'avez vêtu; j'étais malade et vous m'avez visité; j'étais en prison et vous êtes venus vers moi » Mathieu 25, verset 34 à 36.

Je remercie également mon amie Madame France Mame Coumba Mbaye, cette femme au grand cœur qui a été à mes côtés dans la même période

          Patricia Esther Secke

et qui m'a beaucoup soutenue. Je prie que Dieu la soutienne également dans sa vie et dans la réalisation de tous ses projets. Dieu est fidèle et il ne faillira pas.

Chapitre 5
LA PUISSANCE DE DIEU

Chapitre 5 : LA PUISSANCE DE DIEU

DIEU ANNULE MES 165,000 EUROS DE DETTES AU TRIBUNAL

Je me suis retrouvée au tribunal pour mes dettes d'un montant total de 165 mille euros : il s'agissait de savoir si la loi française m'autorisait de continuer à diriger mon organisation sans avoir payé cette lourde créance.

Le plaidoyer de mon avocat consistait à démontrer la pertinence de la tâche noble que je m'évertuais à accomplir pour la communauté africaine et à expliquer au jury que je me suis fait piéger par des affairistes et des malhonnêtes que j'ai pris pour partenaires.

En septembre 2007, le jour de l'audience arriva. Dans le prétoire, mon avocat m'a demandé comment je comptais m'orienter professionnellement à la suite de la décision du juge, je lui ai tendu un magazine dans lequel j'avais donné une interview le mois précédent ; le magazine titrait : « Deuxième Congrès International de la Femme Noire 2008 ».

Perplexe, il m'a dit : « vous n'allez quand même pas continuer, vu le pétrin dans lequel vous êtes » je lui ai répondu que j'allais effectivement continuer ma mission, car je n'ai volé personne et je sais que Dieu qui est le juste juge va me justifier. Alors, mon avocat m'a demandé de ne pas parler du deuxième Congrès à l'audience de peur que cela n'influence pas la décision de la juge.

Après la séance, la juge a décidé de rendre son jugement final quelques mois plu tard. Normalement je ne pouvais annoncer officiellement le second Congrès sans avoir reçu la décision du juge ; le temps passait, nous étions déjà au mois de septembre 2007 et le deuxième congrès était fixé à avril 2008. J'avais sept mois pour mettre tout en œuvre.

J'ai contacté une amie à ma mère, Anne qui dirige un cabinet d'assurance parisien et qui m'a beaucoup soutenu et encouragé dans cette mission. Je lui ai parlé de mon intention d'annoncer le second Congrès, elle m'a encouragé ! Seulement, mon organisation « *AQuarius International France* » étant en contentieux, je ne pouvais rien faire sous cette appellation et en mon nom propre.

Alors, j'ai suggéré à Anne de créer une autre organisation avec elle comme présidente et moi comme coordinatrice générale du projet, puisque c'est moi qui avais reçu la vision. Nous nous sommes mises d'accord. En réfléchissant et en méditant sur la mission que Dieu m'avait confiée, sur les nouvelles orientations de travail, j'ai préparé et introduit tous les dossiers de création de la nouvelle organisation et « *Africa Femmes Performantes* » est née.

J'étais heureuse de pouvoir poursuivre mon rêve. Cependant, j'étais encore confrontée à un chantage ! Quinze jours plus tard, Anne la nouvelle présidente de l'organisation, m'a convoqué à son bureau et m'a parlé en ces termes : « si je suis présidente de ton organisation, tu dois venir travailler dans mon bureau ici, je te donne un espace dans la pièce arrière, pour que j'observe comment tu travailles.

Tu dois me donner le carnet de chèque de l'organisation, je dois contrôler tous les mouvements du compte, car tu es très mauvaise gestionnaire et je n'ai pas envie que mon nom apparaisse dans tes histoires de dettes. »

Meurtrie au plus profond de moi, je lui ai dit que j'allais prendre les dispositions nécessaires et je suis sortie de son bureau. Dans ma voiture j'ai fondu en larmes, j'ai crié à Dieu et je lui ai dit : « Seigneur, entends comment on me traite moi ta fille, j'annule toutes ces fausses paroles déclarées sur moi et je déclare que je ne serai soumise à aucun contrôle que ce soit, à aucun chantage, je m'en sortirai, car le Dieu que je prie n'est pas n'importe quel Dieu. »

Le même soir je suis allée à l'église, le sermon qui y a été prêché était pour moi. Il disait ceci : « Dieu t'attend au point où tu l'as laissé avant de dévier du chemin que vous parcouriez ensemble ; pourquoi faire confiance aux hommes alors que ton Dieu est puissant ? Obéis, soumets-toi totalement à Dieu et tu verras, il t'ouvrira des portes que tu ne peux même pas imaginer ».

En sortant de l'église, j'étais remplie de force, de courage, de foi et le Saint –Esprit m'a rappelé cette parole de Jésus-Christ sur mon chemin de retour : « celui qui ne porte pas sa croix et ne me suit pas n'est pas digne d'être mon disciple » Mathieu 10 verset 38.

Ma décision était prise : jugement du tribunal ou pas, Jésus-Christ me demandait en qualité de disciple, de le suivre dans le mandat qu'il m'a souverainement donné et non selon les lois et les ultimatums des hommes.

J'ai entrepris les démarches administratives, j'ai établi tous les documents officiels de « Africa Femmes Performantes » en mon nom et en qualité de présidente Fondatrice. Dieu m'a mandatée, il n'y avait pas de raison que je compte sur une tierce personne qui ne comprenait rien au mandat que Dieu m'avait donné, pour me représenter. J'ai envoyé un mail à Anne et je lui ai dit que je la libérais de ses craintes et que je prenais l'engagement de porter ma croix et de suivre Dieu. Quelques jours plu tard, tous les documents officiels étaient en mon nom. J'étais avec Amina ma collaboratrice. Nous nous soutenions dans la prière et nous confions tout à Dieu. Par un pas de foi, j'ai pu sortir de la crainte de me voir contrôler et oppresser par quelqu'un que Dieu n'avait pas mis à mes côtés.

Chapitre 6
DIEU EFFACE MON NOM DU FICHIER DES INTERDITS BANCAIRES EN FRANCE

Chapitre 6 : DIEU EFFACE MON NOM DU FICHIER DES INTERDITS BANCAIRES EN FRANCE

Après cet exploit, une montagne se dressait devant nous : elle et moi étions interdits bancaires, fichées à la Banque de France et n'avions pas d'autorisation pour ouvrir un compte bancaire ; mais l'organisation avait besoin absolument d'un compte pour fonctionner.

J'ai pris rendez-vous à la banque, au Crédit Coopératif pour l'ouverture du compte et j'ai dit à Amina : « j'ai porté ma croix, je suis Jésus, à lui de faire le reste. » J'ai demandé à Amina de prier avec moi et nous avons fait cette prière : « Seigneur, ma sœur Amina et moi nous accordons devant toi, tu as dit à Abraham de quitter sa patrie et d'aller au lieu que tu lui indiqueras et il t'a obéi sans savoir où il allait et tu l'as honoré...de cette même façon Seigneur, nous voici interdits bancaires, tu m'as demandé de porter ma croix et de te suivre Seigneur et j'ai obéi, à présent, nous nous rendons à la banque, ouvre nous un compte. Merci Seigneur ! Amen. »

Amina et moi nous nous sommes arrivées à la banque. La conseillère de la banque nous a reçu et je lui ai tout de suite annoncé la couleur en lui disant : « Madame, je vais être honnête avec vous, je suis interdit bancaire, nous souhaitons ouvrir le compte de notre organisation et si ça vous dérange que j'ai la signature en ma qualité de présidente de l'organisation, je pourrai mandater la trésorière pour signer au compte de l'association. »

Cette dame m'a regardé droit dans les yeux et elle a rétorqué : « Mais… je vous fais confiance…non seulement je vous ouvre le compte, mais en plus je vous donne la signature à vous seule ! »

Je venais encore d'apprendre une grande leçon, Dieu m'a mandatée moi et personne d'autre, il m'a donné tous les pouvoirs liés à ce mandat. Dans ma petite nature humaine, en suggérant à la conseillère de donner la signature à quelqu'un d'autre, je démontrais dans ma petite mentalité que Dieu n'était pas capable de transcender les lois humaines et les restrictions bancaires. J'essayais encore de trouver la solution ailleurs, au lieu de laisser Dieu agir. Et Dieu qui sonde les cœurs savait que la trésorière avait accepté ce poste par circonstance et pas par conviction puisque quelques mois après, elle nous a lâché.

Alléluia ! J'étais admirablement étonnée par ce miracle. Selon la loi française, pour régulariser une situation d'interdiction bancaire, il faut payer le montant dû à la banque pour recouvrer tous ses droits d'usage d'un nouveau compte ; je ne l'avais pas fait et je me voyais octroyer tous mes droits. Seul Dieu peut opérer dans cette dimension. J'étais heureuse d'avoir obéi au Seigneur, il m'a

                    Patricia Esther Secke

démontré sa fidélité. Que toute la gloire lui revienne ! Il est le maître des temps et des circonstances.

Sans plus penser au jugement du tribunal qui donnerait ou pas l'autorisation de continuer, nous avons commencé les préparatifs du second Congrès.

La sentence du tribunal est tombée au mois de janvier 2008. La juge a déclaré qu'étant novice dans le monde des affaires et ayant fait confiance à tous mes collaborateurs et prestataires de services pour l'organisation du Congrès 2007, je me suis faite escroquée et dupée. Par conséquent, le tribunal me donnait le droit de poursuivre cette cause noble et importante pour les femmes et pour la société. Alléluia !

Progressivement, j'ai su qu'obéir à Dieu contre tout obstacle me faisait bâtir sur le roc. J'ai compris que Dieu qui m'a appelée à cette œuvre est fidèle et cette mission, c'est lui qui la réalisera; je ne suis qu'un instrument qu'il utilise. J'avais également l'assurance que Dieu allait me restaurer, me remplacer mes années qui ont été volées.

Chapitre 7
DIEU EST DERRIERE SA PAROLE POUR L'EXECUTER

Chapitre 7 : DIEU EST DERRIERE SA PAROLE POUR L'EXECUTER

Le Deuxième Congrès international de la Femme noire s'est déroulé avec succès en avril 2008 et avec beaucoup de connexions avec des femmes d'horizons divers.

Amélie est une femme que Dieu a placée à mes côtés deux mois avant ce Congrès. Elle était une des intervenantes dans un panel des sessions plénières.

Lors de nos échanges et conversations, je lui ai raconté l'histoire de la chef de la délégation de 25 femmes venues du Congo Brazzaville pour le Congrès de 2007 et dont le président de ce pays avait financé le voyage. Cette dame qui conduisait la délégation congolaise, n'avait malheureusement pas honoré sa facture de quinze mille euros qui restait à payer à notre organisation.

Amélie qui travaille au Congo Brazzaville, s'est engagée à plaider pour ma cause auprès de la première Dame du Congo et malheureusement cette piste n'a pas abouti tout de suite. J'ai reçu un mail de sa part m'annonçant qu'elle avait tout essayé sans succès et qu'elle me souhaitait beaucoup de courage pour la suite. Ce mail a laissé transparaitre deux grosses larmes sur mes joues, la possibilité que j'avais alors d'obtenir le remboursement venait d'aboutir à une impasse.

De ma voiture, J'ai encore crié à Dieu : « Seigneur, toi le Dieu qui a ouvert la mer rouge en deux pour libérer les enfants d'Israël de la captivité, toi le Dieu qui leur a envoyé la manne lorsqu'ils étaient dans le désert. L'Eternel qui a gardé leurs chaussures et leurs vêtements de façon miraculeuse et ils ne se sont pas usés pendant quarante ans de marche dans le désert…c'est Toi que j'invoque Seigneur, le Dieu qui opère des miracles, je t'invoque toi le vrai Dieu. Réponds-moi, restaure-moi, car je suis dans l'impasse. »

Une semaine plus tard, je reçois un appel d'Amélie me disant : « Patricia, j'ai seize mille euros dans mon sac pour toi, de la part du mari de la chef de délégation qui ne s'était pas acquittée du montant de sa facture de quinze mille euros en 2007». Dieu est fidèle ! Il dit que le voleur fera restitution de ce qu'il a volé. Exode 22, verset 3.

J'ai commencé à payer mes dettes en ayant de plus en plus confiance en Dieu. L'expérience de toutes les difficultés que j'ai traversées et les miracles que Dieu a opérés pour les résoudre, m'a permis de comprendre que Dieu seul orchestre ma vie ; je ne m'étonne plus de circonstances et des

                    Patricia Esther Secke

situations qui surviennent, car Sa bonne main est sur moi et Il est Dieu. Je ne m'inquiète plus des brouillards, car je sais que derrière un brouillard, l'étoile du matin brille. J'ai appris à garder silence et à laisser Dieu agir.

Chapitre 8
LES BENEDICTIONS DE DIEU NE SE FONT SUIVRE D'AUCUN CHAGRIN

Chapitre 8 : LES BENEDICTIONS DE DIEU NE SE FONT SUIVRE D'AUCUN CHAGRIN

COMMENT DIEU M'A EMMENEE VERS MON MARI

Genèse 2, verset 22.L'Eternel Dieu forma une femme de la côte qu'il avait prise de l'homme, et il l'amena vers l'homme.

Pour mieux préparer le troisième Congrès International de la femme noire programmée en 2009 à Kinshasa en République Démocratique du Congo, l'idée me vint, sur invitation de Jeannine Scott, une femme performante noire américaine remarquable ayant assisté au congrès de 2008 à Paris, de me rendre aux USA afin d'impliquer davantage les femmes noires américaines dans nos projets.

Je préparais ce voyage en prières. En juillet 2008 j'ai pris une retraite de prières d'une semaine dans les Ardennes en Belgique, car je sentais de plus en plus la tâche et la responsabilité de ma mission lourde à porter toute seule.

Je me sentais véritablement seule et j'avais besoin de partager cette vision avec un mari choisi par Dieu. Dans mes prières je disais à Dieu : « Seigneur, regarde, la mission que tu m'as confiée est si grande et lourde, je suis toute seule à essayer de l'accomplir. Certains me trouvent trop jeune pour une mission si grande, d'autres pas très expérimentée, ni pas suffisamment outillée pour porter cette vision.

D'autres encore se demandent pourquoi je n'ai pas de mari. Donne-moi Seigneur un mari qui a une carrure intellectuelle, physique et spirituelle. Il pourra ainsi m'être d'un grand apport, baliser ma mission et porter cette vision avec moi. »

En préparant le voyage de Washington, j'ai pensé que je devrais être accompagnée d'une collaboratrice pour mieux préparer ce projet. Curieusement, la personne qui me venait à l'esprit c'était Josette qui vivait au Congo Brazzaville.

Elle m'a demandé pourquoi l'avoir choisie elle, alors que je pouvais y aller avec une collaboratrice résidant à Paris qui n'avait pas forcément besoin de passer par les tracasseries d'obtention de visa. Je lui ai répondu simplement que je ressentais au plus profond de moi que c'est elle qui devait m'accompagner.

Elle a obtenu son visa et une semaine avant notre départ, elle est arrivée à Paris. Nous avons passé des moments ensemble dans la prière et le 19 septembre 2008, en allant à l'aéroport, elle a dit en prenant ses bagages : « Je m'en vais t'établir et je reviens » je l'ai regardée, étonnée de ce qu'elle venait de dire et sans faire de commentaire, nous sommes parties.

Nous sommes arrivées à Washington le samedi 20 septembre 2008 et nous étions logées à Germantown dans l'État du Maryland près de Washington D.C.

Notre agenda et programme de travail démarraient le lundi 22 septembre. Nous avions donc tout le weekend pour sortir de la fatigue du voyage et du décalage horaire. Ce fut l'occasion pour Josette de téléphoner à son cousin qu'elle n'avait pas revu pendant plus de vingt ans.

Notre dimanche étant libre, son cousin est venu nous rendre une courte visite et nous a invités à visiter la ville et à dîner chez lui à Silver Spring.

J'ai appris une chose avec Dieu, c'est que rien dans nos vies et dans notre marche avec Jésus n'est fait au hasard. Très souvent, nos actes, nos réactions et nos paroles sont orchestrées par Dieu. Dieu a un plan merveilleux pour chacun de ses enfants.

Lorsque Dieu veut nous exaucer, peu importe la manière dont les choses se passent, ses voies ne sont pas nos voies et Dieu utilise n'importe qui, quand il veut, au moment et où il veut pour accomplir ses desseins. Dieu est souverain ! Ne l'a-t-il pas dit dans Esaïe 46, verset 11 ? « C'est moi qui appelle de l'orient un oiseau de proie, d'une terre lointaine un homme pour accomplir mes desseins, Je l'ai dit et je le réaliserai. » Il dit aussi : « Mes pensées ne sont pas vos pensées et vos voies ne sont pas mes voies. » Esaïe 55, verset 8.

Le cousin de Josette s'appelle Léo, mais pour le respect que j'avais pour Josette qui est une femme mure d'une soixantaine d'années, je l'appelais « tonton Léo ».

Après un repas délicieux et copieux, « tonton Léo » nous a proposé de visiter son appartement que nous avons apprécié, car il a beaucoup de charme et la décoration rappelle le style Louis XIV.

La visite terminée, sans savoir pourquoi, je me suis exprimée comme pour marquer de façon vocale mon territoire en disant : « écoute tonton Léo, nous allons emménager chez toi, car on est bien ici, je ne pars plus à Germantown, je reste ici. » il a simplement et naturellement répondu « ok ».

Une demi-heure après, nous étions sur le chemin de Germantown pour récupérer nos valises et pour nous installer chez « tonton Leo ».

Pendant trois semaines, « tonton Léo » nous a procuré une hospitalité remarquable ; j'ai remarqué qu'il était très réservé, parlait très peu et souriait beaucoup.

Il était discret et pratiquement effacé dans sa propre maison. J'avais été invitée dans une église où je priais et écoutait la parole Dieu, je priais beaucoup pour « tonton Léo » en remerciant le Seigneur d'avoir disposé son cœur à nous accueillir, je priais pour lui et je demandais tous les jours à Dieu de le récompenser au centuple pour son hospitalité envers nous.

Le premier dimanche où je suis allée à l'église, Josette est venue avec moi. A la fin du culte, nous avons été bien reçues dans la salle des visiteurs et là, Josette a demandé au pasteur qui venait de prêcher l'évangile de prier pour elle, le pasteur a effectivement prié pour elle et quelques minutes après cela, elle était couchée sur la moquette. Cela m'a semblé normal, car dans les églises il y a des gens pour qui on prie qui se retrouvent sur le sol.

Après cela, dix minutes plus tard, Josette demandait encore à la sœur Audrey, qui priait pour les malades à l'église de prier pour elle. Elles se sont mises à deux mètres de moi et la sœur Audrey, tel que poussée par une force, s'est levée et a commencé à invoquer le Dieu trois fois Saint, puis, saisie immédiatement par l'esprit de révélation, Audrey déclara à haute voix en priant pour Josette : esprit de misère, de mendicité, de sorcellerie, esprit de divination, je te chasse au nom de Jésus-Christ ».

Chapitre 9

QUAND DIEU APPROUVE LES VOIES D'UN HOMME, IL DISPOSE A SON EGARD FAVORABLEMENT MEME SES ENNEMIS.

Chapitre 9 : QUAND DIEU APPROUVE LES VOIES D'UN HOMME, IL DISPOSE A SON EGARD FAVORABLEMENT MEME SES ENNEMIS.

Esprit de sorcellerie ? Esprit de divination ? Je ne savais pas que ma collaboratrice était possédée d'un esprit de divination ; et voilà qu'une semaine après notre arrivée à Washington, je devais me méfier de celle que je prenais pour ma meilleure collaboratrice et celle qui m'aura conduit vers l'homme que Dieu avait choisi pour moi. Les voies de Dieu ne sont pas nos voies !

La leçon que j'ai apprise c'est que Dieu est souverain, il fait ce qu'il veut, quand il veut et avec qui il veut, pour ses propres desseins. Dieu peut utiliser nos pires ennemis pour nous bénir, c'est pour cela qu'il nous a recommandé de nous aimer les uns les autres et de pardonner à ceux qui nous offensent, car nos bénédictions peuvent être entre les mains des personnes que nous considérons comme nos ennemis ; nos bénédictions peuvent donc rester bloquées aussi longtemps que nous les tenons comme nos ennemis.

De même, quand Dieu place un sorcier à nos cotés, s'il nous le fait savoir, c'est pour que nous lui témoignions notre charité (amour fraternel en

Christ), que nous priions pour lui, que nous chassions l'esprit impur en lui et que nous lui prêchions l'évangile de Jésus-Christ.

Audrey nous a ensuite déposées chez nous. Arrivées devant notre entrée, Josette dit à Audrey « mon mari était trempé dans l'occultisme et le satanisme, si je suis retournée dans cela, il faut me dire ! » Audrey lui a répondu que le Pasteur Moussa Touré à l'église s'occupait de la délivrance et que si elle le souhaitait, elle pouvait l'y conduire. Mais Josette n'y est jamais allée pour la délivrance.

Nous avons continué notre programme de travail. Nous avons participé pendant plusieurs jours au Congrès des noirs américains (Congressional Black Caucus) ; nous avons participé à un forum d'échanges avec plusieurs organisations dont *Africare*. J'avais remarqué une chose, c'est que pendant nos réunions, Josette essayait de mettre en avant ses projets personnels et que très souvent, elle voulait me faire faire ou dire ce qu'elle pensait et souhaitais se voir réaliser ; elle ignorait que je marche par la vision que j'ai reçue de Dieu et non selon ce que les hommes me disent de faire.

C'était la première chose qui nous opposait. Au bout de quinze jours, j'étais quand même obligée de me méfier un peu, car Dieu m'avait déjà révélé son état d'âme à l'église. Je priais beaucoup pour elle afin qu'elle soit délivrée de tous ces liens

En partant de Paris, j'avais pris avec moi un de mes cahiers où je notais mes enseignements bibliques. J'ai une dizaine de cahiers, mais je ne sais pas pourquoi j'avais pris un seul cahier où était inscrit un enseignement du pasteur Dorothée Rajah sur l'esprit de Jézabel. (Que Dieu continue à l'utiliser pour édifier le corps de Christ !)

Un soir, en relisant mes notes dans ce cahier, j'ai relu cet enseignement sur l'esprit de Jézabel, j'ai à nouveau relu la définition de l'esprit de Jézabel et là, j'ai compris que ma collaboratrice était une vraie Jézabel à mes côtés.

L'esprit de Jézabel est un esprit connu de la bible, dans le monde, c'est l'esprit de la fin des temps. C'est un esprit délié et libéré sur la terre. Nous devons être oints par Dieu pour lui faire face, cet esprit est fort et séduit, il a des ruses, l'esprit de Jézabel agit chez ceux qui ont déjà la connaissance, c'est un esprit qui agit dans l'église, qui est très fort et puissant.

Nous vivons les temps de la fin, il faut être extrêmement prudent et avoir le discernement ; l'esprit de Jézabel, un esprit idolâtre et religieux. Un esprit politique, un esprit de manipulation, de dissimulation qui conduit les gens dans la perversion spirituelle, morale et sexuelle, il œuvre à donner aux vrais chrétiens purs dans leur foi, un autre esprit qui n'est plus l'esprit de l'évangile. Tout ce qui parle de Dieu ne vient pas forcément de Dieu.

C'est un esprit qui sait jouer des apparences, qui travaille beaucoup à son image, à son apparence, à son discours, car il veut influencer les gens. Il est sensible à ce que les gens pensent et c'est un vrai caméléon qui adapte son discours en fonction des gens, il donne des conseils corrompus et usurpe l'autorité qui n'est pas la sienne. C'est un esprit qui ne se repent jamais, ne s'excuse jamais, ne marche pas dans l'amour, un esprit qui s'oppose à Dieu et qui combat l'onction de Dieu.

L'esprit de Jézabel cherche à influencer et à dominer les leaders, les « têtes », parce que Jézabel veut prendre leur place et veut dominer à leur place. Jézabel était responsable à elle seule de la corruption de toute la nation d'Israël, ce n'est pas un petit esprit.

Dans l'église, Jézabel s'autoproclame prophétesse, elle est capable de débrancher les serviteurs de Dieu, les corrompre dans la pensée, elle met en eux de la convoitise pour des choses qu'ils n'ont pas. Elle les met hors service et ils deviennent inutilisables par Dieu, ils deviennent corrompus, ils ne feront jamais rien pour Dieu, ils font des choses pour eux-mêmes et non pour Dieu.

Effectivement, Josette s'autoproclamait prophétesse, des fois, je l'entendais parler avec des personnes au téléphone et elle leur prédisait des choses par son esprit de divination, elle tenait la bible et leur disait qu'elle leur parle de la part de Dieu. Je me souviens du jour de notre départ de Paris, où, certainement par son esprit de divination, elle m'avait dit : « Je m'en vais t'établir et je reviens ».

Mais il ne faut pas être troublé par la véracité de cette prophétie, le livre des actes nous révèle que l'apôtre Paul a délivré une servante qui avait un esprit divinateur, elle prophétisait avec le concours de l'esprit de python pour faire gagner de l'argent à ses maîtres, mais elle disait la vérité.

Mais gloire soit rendue à Dieu, car dans l'enseignement qui était dans mon cahier, il y avait la solution : pour terrasser l'esprit de Jézabel, il faut mettre en pratique deux choses, simplicité, humilité, cette attitude peut emmener la personne possédée par cet esprit à sanctifier son cœur.

Nous étions à une semaine de notre retour sur Paris et je sentais au fond de moi que je ne devais pas encore partir. J'ai donc dit à Josette que je resterais encore à Washington pour suivre les dossiers que j'avais engagés auprès des partenaires et que je rentrerai à Paris plus tard ; elle a maintenu sa date de retour pour le 10 octobre 2008.

A la maison, nos rapports avec « tonton Léo » n'avaient pas changé, il était toujours aussi discret et très effacé. Bien évidemment il n'était pas au courant de l'aventure entre Josette et moi. Cependant, avec Josette, les rapports n'étaient plus les mêmes et elle voulait de plus en plus exercer une autorité sur moi.
J'étais calme, car j'avais déjà discerné l'esprit qui l'animait et comment, par la prière, il fallait le terrasser et détruire ses plans contre moi. Je priais pour elle fervemment et j'ai vu les résultats et la puissance de la prière.

Dans mes notes et enseignements sur l'esprit de Jézabel, il est écrit que lorsque cet esprit sait qu'il est démasqué, il tente l'élimination ou la destruction par tous les moyens ; mais Dieu nous dit que la prière fervente du juste a une grande efficacité.
Deux jours avant le départ de Josette, elle m'a donné vingt-quatre heures pour sortir de l'appartement de son cousin ; sans explications !

Je devais partir avant son départ (je précise que c'est moi qui lui ai payé le billet d'avion). Dans l'humilité, je lui ai répondu que j'allais prendre mes dispositions pour partir le jour même. Je suis entrée dans ma chambre, le cœur en paix et l'attitude sereine, j'ai bouclé mes deux valises et je suis sortie. Je n'avais qu'une seule destination : la maison de mon Père (l'église).

Arrivée à l'église, je suis allée voir le pasteur Willy avec qui j'ai partagé cette nouvelle et il m'a dit : « tout ce que nous avons à faire c'est de prier ».

A la fin du culte, le pasteur Willy m'a passé son téléphone en m'annonçant que c'était Josette qui souhaitait me parler. J'ai pris l'appel ; c'était bien Josette qui me demandait de vite rentrer à la maison car elle ne voulait pas s'opposer à Dieu ». Toujours calme et sereine, je suis rentrée.

Nul ne peut s'opposer à la volonté de Dieu, ni à ses décrets. Je suis arrivée à la maison, j'ai mangé et je me suis couchée. Le matin, jour de son départ, elle m'a dit que Dieu m'a peut-être emmenée aux Etats-Unis pour son cousin, pour que j'emmène son cousin à Christ, car elle croit que par moi la lumière rentrera dans sa famille.

Je lui ai répondu que je n'avais pas l'intention de rester aux Etats-Unis, ni d'épouser son cousin parce que j'avais un prétendant au mariage à Paris qui m'attendait. Elle m'a demandé de prier pour elle, je l'ai fait sincèrement, j'ai remis son voyage et sa vie entre les mains de Dieu et elle est partie de la maison à 10h00 pour l'aéroport.

Chapitre 10

LA REVELATION DE MON EPOUX

Chapitre 10 : LA REVELATION DE MON EPOUX

Dès que Josette elle est partie, j'ai senti l'atmosphère de l'appartement complètement changée, comme un nuage opaque qui quittait la pièce ; j'ai ouvert toutes les portes de l'appartement ; j'ai aéré et j'ai dit : Saint-Esprit de Dieu, vient dans cette maison et installe-toi, bénis cette maison. Le lendemain matin, à mon réveil, j'entends une voix qui me dit : « fais une onction d'huile à la maison ».

Je me suis levée et j'ai prié en faisant une onction d'huile dans toute la maison. Tout ceci bien sûr se passait à l'insu de « tonton Léo ». Je venais encore sans le savoir, de marquer mon territoire, après avoir déclaré trois semaines avant, que je me sentais à l'aise dans cette maison comme chez moi. Le lendemain, comme à l'accoutumée, j'écoutais mon sermon de la journée sur internet, l'Esprit de Dieu m'a conduit à écouter entièrement un message du Pasteur Mohammed Sanogo (Que Dieu le bénisse pour l'impact que son message a eu dans ma vie), dont le titre était « Tout quitter pour posséder ».

Un message extraordinaire venu exprès du ciel pour changer radicalement le cours de ma vie et pour écrire une page importante dans mon histoire.

Ce message m'a édifié, car le pasteur Mohammed Sanogo parlait des actes que nous posons et qui nous empêchent de rentrer en possession de notre héritage et de nos bénédictions, à l'exemple d'Abram qui, lorsque Dieu lui a demandé de partir, il a traîné toute sa famille avec lui vers la mission que Dieu lui avait confiée : Genèse 12, verset 1et 2 « Jéhovah dit à Abram : "Va-t-en de ton pays, de ta patrie et de la maison de ton père, dans le pays que je te montrerai. Je ferai de toi une grande nation et je te bénirai ; je rendrai ton nom célèbre et tu seras un sujet de bénédiction. »

L'homme de Dieu disait dans son message que tant qu'Abram ne s'était pas séparé de Terach son père et de Lot son neveu, il parcourait simplement la terre promise sur toute son étendue, mais ne la possédait pas. C'est seulement dès que son père est mort et dès qu'il s'est séparé de son neveu Lot qu'il a pu entrer en possession de son héritage.

Le message disait que nous devons nous séparer des « Terach et des Lots » de nos vies pour posséder notre héritage et pour vivre notre destinée telle que prévue par Dieu. « Terach et Lot » sont des obstacles et des embûches qui peuvent être soit une attitude, soit une personne, ou un comportement qui nous freine dans la marche vers notre destinée. Cela peut être également une focalisation sur quelqu'un qu'on croit indispensable dans notre vie, ou une confiance absolue en un plan ou un projet qu'on croit réussir tout seul et par tous les moyens.

Cet enseignement m'a rendue perplexe et m'a ouvert les yeux sur mon entourage et sur mon état d'esprit, les écailles sont tombées de mes yeux et j'ai vu clair. J'avais un prétendant au mariage à Paris qui n'avait rien du modèle de mari que je demandais à Dieu, mais j'étais bornée à penser qu'il pouvait être mon mari.

A la fin de son message, le pasteur Sanogo a demandé à toute personne dont le cœur était touché par ce message et par la parole de Dieu de se repentir et de se soumettre à la volonté de Dieu. Je me suis humiliée devant l'Eternel, je me suis repentie d'avoir pensé que ma volonté était la volonté de Dieu, j'ai pris l'engagement de me séparer de tout ce qui pouvait faire obstacle à ma destinée et de me soumettre à la volonté parfaite de Dieu. J'ai dit à Dieu : « Seigneur, me voici telle que je suis devant toi, je renonce à tout ce qui n'est pas de toi dans ma vie, je renonce à mes propres plans; me voici en Amérique, je ne connais personne, je ne sais même pas ce que je fais dans ce pays, fais de moi ce que tu veux, je m'abandonne à toi Père. Amen ! »

Après cette prière sincère à Dieu, je suis restée allongée sur la moquette pendant plusieurs minutes, silencieuse, puis j'ai entendu cette voix me disant : « Ma fille tu es ici chez toi, voici le mari que j'ai choisi pour toi » quoi ? J'ai bondi sur mes deux pieds, quoi ? « Tonton Leo ?» mon mari ? Je suis ici chez moi ?

Je n'ai plus rien entendu, le Seigneur venait de m'établir et de m'exaucer. L'homme à la carrure que je voulais du fond de mon cœur m'était réservé par Dieu lui-même. Dieu sait ce qui est bon pour nous. Une semaine plus tard, « tonton Leo » m'a dit qu'il voulait que je sois son épouse. La parole de Dieu ne retourne pas à lui sans avoir exécuté ses desseins. Que mon mariage soit pour l'honneur et la gloire de Dieu.

Chapitre 11

NOTRE DIEU EST UN DIEU DE FAVEUR

Chapitre 11: NOTRE DIEU EST UN DIEU DE FAVEUR

Dieu Ayant confirmé mon départ définitif de la France, je suis retournée à Paris pour chercher mes affaires et libérer mon appartement. J'avais prévu de partir définitivement de la France le 2 février 2009, j'ai obtenu un billet « aller » simple à bon prix dans une compagnie aérienne anglaise, c'était un billet non remboursable, ni échangeable.

Le soir du 1er février, la météo de France et d'Europe annonçaient une tempête de neige pour le 2 février. A 5h du matin, j'étais prête, mes valises bouclées, très assurée de quitter définitivement de la France. Je devais être à l'aéroport à 7h00 du matin, car le décollage était prévu pour 9h00.

Mon frère et ami de longue date, Koffi qui devait me conduire à l'aéroport me téléphona à 5h30 pour m'annoncer que la neige était abondante dans son quartier et que sa voiture glissait sur la neige. J'ai appelé un collaborateur qui n'habitait pas loin de moi et qui était disposé à m'accompagner.

La neige avait effectivement recouvert de plusieurs centimètres les rues de Paris, mais les axes principaux étaient dégagés. Seulement, les embouteillages et le trafic étaient importants, nous y sommes restés plus de trois heures et sommes arrivés à l'aéroport à 9h30, je craignais que le vol soit parti.

J'ai salué et remercié mon collaborateur et je me suis dirigée en courant vers le panneau d'information, le vol qui devait m'emmener à Washington n'était pas parti, la compagnie aérienne anglaise a annulé tous ses vols de ce jour-là à cause de la neige. Dieu merci ! J'avais toujours une chance de voyager puisque mon retard n'avait pas de conséquence sur mon voyage et parce que c'est la compagnie elle-même qui avait annulé ses vols. Je me suis dirigée vers le comptoir d'enregistrement de la compagnie aérienne, la file d'attente était longue.

On demandait à certains passagers de revenir deux jours plus tard, à d'autres, on leur demandait simplement d'attendre selon leur destination. Je priais et j'implorais la grâce de Dieu pour qu'il me trouve un vol le jour même pour Washington, car je ne voulais pas rester à Paris une journée de plus, je ne me voyais pas refaire le trajet inverse avec toute cette neige et revenir quelques jours plus tard. A mon tour, l'hôtesse m'a simplement trouvée une place sur un vol le même jour pour Washington.

Dieu est capable de frayer un chemin dans un chaos, dans un imbroglio, dans une situation de confusion pour accomplir sa parole et ses desseins, malgré le temps qui n'était pas favorable aux yeux des humains, malgré les circonstances météorologiques désastreuses, malgré le report et l'annulation des vols pour plusieurs passagers, Dieu m'a fait grâce et m'a donné sa faveur, je devais partir. Je devais quitter la France.

Lorsque je suis arrivée à Washington, mon époux m'attendait déjà depuis plusieurs heures, je pouvais lire dans ses yeux la fatigue, la joie et le soulagement.

Arrivés à la maison, en levant le toast en mon honneur, il m'a dit « bienvenue chez toi » cette phrase m'a tout de suite rappelée la voix du Saint-Esprit que j'avais entendue quatre mois auparavant et m'a confirmée les paroles que j'avais alors entendues lorsqu'ici même je priais « ma fille tu es ici chez toi, voici le mari que j'ai choisi pour toi ».

C'était aussi le jour de mon anniversaire, la maison était décorée à l'américaine avec des mots gentils et des ballons partout, j'étais heureuse comme une petite fille, j'étais joyeuse, je savais que Jésus avait ouvert une porte devant moi que personne ne pouvait fermer, il venait de me mettre sur le véritable couloir de ma destinée.

Dieu m'a révélé certains points clés de ma mission qui nécessitent des compétences particulières et des outils appropriés aux projets spécifiques.

J'ai découvert avec beaucoup de plaisir et d'admiration que, le Seigneur qui orchestre toute chose a fait de mon époux un honorable Professeur d'université aux Etas- Unis d'Amérique. Le Dr Secke détient un Doctorat d'Etat en Finances et Banque, de l'université de Paris Sorbonne en France. Après avoir travaillé comme Inspecteur et contrôleur des opérations à la Banque d'Etat camerounaise, la « Cameroon Bank », et dépité par la gestion légère et frivole des institutions financières gouvernementales au Cameroun, il s'est expatrié aux Etats-Unis où il a mis ses compétences au service de l'éducation.

Chapitre 12

FAITES DU BIEN ET PRETEZ SANS RIEN ESPERER EN RETOUR

Chapitre 12: FAITES DU BIEN ET PRETEZ SANS RIEN ESPERER EN RETOUR

Pendant toute cette période de transition, le Seigneur a continué à m'enseigner, à me modeler; il a beaucoup travaillé sur mon cœur et continue de le faire.

Avant de quitter Paris, j'hébergeais ma tante Calixte chez moi depuis un an et demi environ et par la grâce de Dieu, elle a été sauvée à l'église que nous fréquentions. J'hébergeais tante Calixte et je ne lui demandais aucune contribution à la maison, pourtant elle travaillait régulièrement et recevait un salaire mensuel. Lors de mon premier voyage à Washington, j'y suis restée pratiquement trois mois et mon loyer est resté impayé pendant toute cette période, alors même qu'elle résidait chez moi.

Le propriétaire réclamait ses paiements. Calixte en mon absence, a proposé au propriétaire de mon appartement de payer la facture de trois mois de loyer, à condition que celui-ci transfère le bail de location en son nom. Le propriétaire avec qui j'étais en contact depuis Washington avait décliné son offre et m'a informée. Je précise que Calixte vivait à Paris depuis quatre ans et ne trouvait pas de logement.

Patricia Esther Secke

Dieu dit qu'«il n'y a rien de couvert qui ne sera révélé, ni rien de secret qui ne sera connu, C'est pourquoi les choses que vous aurez dites dans les ténèbres seront entendues dans la lumière; et ce que vous aurez dit à l'oreille, dans les chambres, sera prêché sur les maisons». Luc 12, verset 2 et 3.

Pendant que Calixte faisait toutes ces négociations à mon insu, mon Seigneur me révéla en songe son état d'âme : dans le songe, elle et moi marchions et étions préoccupées par un problème qui la concernait, elle et qu'il fallait régler. Je l'emmenais quelque part, car c'est moi qui connaissais le chemin qui menait à sa solution et elle me suivait.

 Pour régler cette situation, nous avions besoin d'argent et moi je n'en avais pas du tout, elle me disait qu'elle n'avait rien non plus. Pendant qu'elle me disait qu'elle n'avait rien, le Saint Esprit me disait qu'elle avait de l'argent, mais ne voulait pas le sortir et pourtant dans son fort intérieur, elle voulait que je règle son problème et elle savait que c'est moi qui avais la solution pour elle.

L'Eternel dit : « je t'annoncerai de grandes choses, des choses cachées que tu ne connais pas », il dit encore dans Jean 16 verset 13 : « Quand le consolateur sera venu, l'Esprit de vérité… il vous conduira dans toute la vérité…. et il vous annoncera les choses à venir ».

Dès mon arrivée à Paris, j'avais décidé de rendre l'appartement au propriétaire, à libérer Calixte et à quitter définitivement la France.

Notre pasteur à Paris, le pasteur Jean-Paul Munganga, qui était au courant de la situation de logement de ma tante (puisque c'était un sujet de prière à l'église) et de ma décision de partir aux Etats-Unis, m'a appelée et m'a dit que c'est moi qui détenais la solution du logement de Calixte, que j'étais le canal que Dieu avait choisi pour la bénir et que pour l'amour de Christ, je devais négocier et plaider pour elle auprès du propriétaire pour que l'appartement lui soit loué et transféré en son nom.

Certaines choses, humainement sont parfois difficiles à faire, surtout pour une personne qui a mauvais cœur et qui nous fait des coups bas ouvertement. Mais l'amour du Christ en nous nous amène à surpasser notre nature humaine et à aimer nos ennemis, nos adversaires et ceux qui nous mettent les battons dans les roues.

L'amour de Christ bannit toute haine, toute rancune et triomphe du péché. L'ennemi cherche très souvent à nous garder captifs dans les rancunes, les animosités, les vengeances personnelles, les querelles, les murmures, pour nous empêcher de voir la gloire de Dieu et pour nous voler nos bénédictions ; cependant les bontés de l'Eternel sont inépuisables et sont à notre disposition, ce sont nos péchés et la dureté de cœur qui nous empêchent d'en prendre possession.

Les voies de l'Eternel sont extraordinaires et c'est fascinant la manière dont il procède pour nous façonner, pour nous modeler et pour faire de nous des vases d'honneur. J'avais trois mois de loyer impayés, je devais affronter le propriétaire pour la fermeture de mon dossier et comme si cela ne suffisait pas, je devais en plus plaider pour le cas de tante Calixte et tout faire pour lui obtenir la cession de l'appartement.

J'ai obéi et je me suis rendue chez le propriétaire. Lorsque j'avais intégré l'appartement dix ans plutôt, j'avais versé une somme d'argent correspondant à deux mois de loyer, c'était un montant qui devait m'être restitué en sortant de l'appartement.

J'avais trois mois arriérés de loyer impayés, mon compte était donc déficitaire d'un montant d'un mois de loyer. Je devais donc reverser à l'agence environ 610 euros pour solder mon compte et résilier le contrat de location, à la date de l'état des lieux qui était fixé à la semaine suivante.

Après avoir clos mon dossier, j'ai plaidé pour ma tante et j'ai réussi à convaincre le propriétaire qui était d'accord de lui louer l'appartement. La signature de son contrat devait se faire le jour de mon état des lieux de sortie.

Ce jour-là, je n'avais que 500 euros au lieu de 610 euros pour payer le reliquat de ma dette et solder mon compte, il me manquait 110 euros. La législation exigeait comme je l'avais fait dix ans auparavant, le paiement de deux mois de garanties pour intégrer l'appartement et ma tante avait préparé cet argent. A notre agréable surprise, la propriétaire nous annonce au même moment que la loi a changé et que maintenant, il faut verser le montant d'un seul mois de garantie.

Ma tante paya immédiatement. Moi qui n'avais plus d'argent sur moi, j'espérais que Calixte, par reconnaissance pour mon intervention pour qu'elle ait l'appartement et avec le surplus qu'elle venait de gagner, allait m'aider à solder les 110 euros. Malheureusement, elle a gardé son argent comme j'avais vu dans le songe quelques semaines avant.

Et comme le Seigneur m'avait révélé son état d'âme, j'ai simplement remercié Dieu pour elle, je lui ai rendu grâce d'avoir fait de moi un canal de bénédictions. « L'âme bienfaisante sera rassasiée et celui qui arrose sera lui-même arrosé » proverbes 11/25. Dieu nous demande également d'aimer nos ennemis et de faire du bien, de prêter sans en rien espérer en retour; et notre récompense sera grande, car il est bon envers les ingrats et les méchants. Luc 6 verset 35.

Deux jours plus tard, je prenais mon avion pour l'Amérique. Mais l'épreuve avec tante Calixte n'était pas terminée. Quelques mois plu tard, je faisais escale à Paris de retour d'un voyage. Je ne me posais pas de question sur mon hébergement, car pour moi je logerais chez ma tante.

Elle avait mis les clés de l'appartement à ma disposition, car elle était en vacances. Arrivée dans l'appartement, j'ai très vite compris qu'il y avait un problème parce que la porte de la chambre était fermée à clef.

Je lui ai téléphoné d'une cabine publique (car elle avait enfermé le téléphone dans la chambre) pour lui demander ce qui se passait ; elle m'a répondu que sa copine à qui elle avait confié l'appartement en son absence avait certainement fermé la chambre par sécurité.

J'ai récupéré les clefs chez sa copine et j'ai pu entrer dans la chambre ; à ma grande surprise, le téléphone avait été débranché de la prise et caché. Je ne pouvais pas téléphoner dans la ville, ni avoir accès à internet, ni même recevoir des appels.

J'étais abasourdie, comment Calixte pouvait-elle me traiter de cette façon ? Moi qui l'avais hébergée pendant plus d'un an dans ce même appartement. Je voyageais régulièrement sans jamais fermer la porte de cette même chambre. L'immeuble était bien sécurisé.

En dix ans il n'y avait jamais eu de vol dans cette résidence privée. Comment un comportement pareil était-il possible ? Je me souviens même qu'à une époque, pendant plusieurs mois, je dormais au salon et je lui laissais ma chambre et mon lit. Comment ma tante pouvait-elle me faire ça à moi ? Moi qui avais tout fait pour qu'elle ait cet appartement en son nom ? Moi qui lui avais laissé en partant tout le mobilier, l'électroménager, les meubles de rangement, comment pouvait-elle se comporter ainsi avec moi ?

J'étais meurtrie au plus profond de moi-même, j'ai parlé à quelques personnes autour de moi qui m'ont conseillé de vider l'appartement de toutes mes affaires que j'avais laissées, d'en faire cadeau ou de les mettre à la poubelle car le comportement de Calixte était vraiment affligeant et inadmissible.

Mais ce n'est pas ce que mon cœur me demandait de faire. Le lendemain dimanche, j'allais à l'église. Sur mon chemin, je parlais à Dieu en lui demandant des explications à cela et je lui disais : « Seigneur, que vas-tu me dire aujourd'hui qui puisse me réconforter et calmer mon chagrin, que vas-tu me dire qui puisse justifier que je ne prenne pas toutes mes affaires et que j'en fasse cadeau à d'autres personnes? »

Arrivée à l'église, nous avions un pasteur invité qui venait de Londres. Il prêchait sur le brisement !

Le pasteur prêchait particulièrement sur la signification de l'acte que Jésus a accompli à la croix de Golgotha, un acte qui se résume à l'amour, la manifestation de l'amour de Dieu pour les hommes, il a expliqué qu'accepter de suivre Jésus, c'est mourir à soi moi-même, c'est renoncer à l'orgueil, au « moi », c'est dépasser ce raisonnement qui nous pousse à dire « comment peut-elle me faire cela à moi ? Moi qui lui ai donné ceci ou cela » ; tant que les actes malveillants que posent les personnes qui nous entourent nous poussent à la vengeance, c'est que nous ne sommes pas brisés, nous ne sommes pas prêts pour le ministère ou la mission à laquelle Dieu nous appelle et nous ne sommes pas dignes de suivre Jésus.

L'amour du prochain doit être exprimé à tous les niveaux ; Christ ne peut pas être la tête d'un corps corrompu et rempli de haine et de désir de vengeance. Christ est la tête d'un corps qui lui ressemble, jamais Christ n'a appelé à la vengeance, à l'accusation parce qu'on a été accusé, à la revendication quelle qu'elle soit car nous sommes sous une nouvelle alliance en Christ : l'alliance de la grâce et de l'amour et nous devons marcher selon la grâce et l'amour, nous devons manifester cet amour à notre prochain.

L'amour divin aime son ennemi, Christ vivant en nous, nous devons aimer nos persécuteurs, le disciple sera comme le Maître, lorsque nous sommes offensés, nous devons pardonner et dire comme Jésus lorsqu'il était à la croix, livré, insulté, rejeté : « Père, pardonne-leur, car ils ne savent pas ce qu'ils font. » Jésus dit à ses disciples dans Mathieu 43 à 45: "Vous avez appris qu'il a été dit: Tu aimeras ton prochain et tu haïras ton ennemi.

Mais moi, je vous dis : aimez vos ennemis, bénissez ceux qui vous maudissent faites du bien à ceux qui vous haïssent et priez pour ceux qui vous maltraitent et qui vous persécutent, afin que vous soyez fils de votre Père qui est dans les cieux.»

Notre Dieu ne nous appelle pas à la vengeance, puisqu'il dit dans Deutéronome 32, verset 35 « A moi la vengeance et la rétribution». La vengeance ne nous appartient pas, il faut prier pour ceux qui nous ont fait du mal et la colère en nous, va disparaître. Si nous ne sommes pas capables d'aimer nos ennemis, alors nous ne sommes pas fils de notre Père. Mathieu 4 verset 5 « Heureux les affligés, car ils seront consolés ».

Après cette parole puissante de réconfort qui m'avait déjà fait fondre en larmes, je réalisais que j'avais encore du chemin à faire dans ma consécration au Seigneur Jésus.

Le pasteur principal avait prévu que je parle de ma mission à l'assemblée. Il m'a invité à prendre la parole et à la surprise de toute l'assemblée, je n'ai pas parlé de ma mission, j'ai simplement raconté l'expérience que je venais de vivre et j'ai témoigné de ce que je venais de recevoir de la part de l'homme de Dieu.

Le Saint-Esprit venait d'impacter ma mentalité et de m'emmener à une étape supérieure dans ma relation avec Christ.

J'ai raconté cette expérience avec ma tante à l'assemblée, j'ai prié pour tante Calixte et j'ai demandé à l'église de se joindre à moi et nous avons prié pour elle.

A la fin de cette épreuve, j'ai compris que si je voulais que Dieu se serve de moi, il y avait un certain prix à payer et le seul sacrifice qui convienne à Dieu c'est un cœur brisé et contrit, la puissance ne peut être libérée aux bébés.

Nous ne pouvons être victorieux qu'après avoir enduré et franchi les obstacles. Lorsqu'on endure les obstacles, on peut par expérience, aider d'autres personnes à franchir des obstacles.

Une préparation adéquate précède toujours les bénédictions et la préparation se fait dans nos activités quotidiennes, je suis à l'école du Saint-Esprit.

Dieu nous apprend à nous entendre avec toute sorte de gens en mettant auprès de nous des personnes qui nous exaspèrent et qui nous rendent fous ; nous ne devons pas nous éloigner d'elles, sinon, nous trouverons pire où nous irons. Ces frustrations sont des vitamines pour notre croissance spirituelle.

Nous ne sommes pas prêts pour ce que Dieu a prévu pour nous si nous sommes offensés dans notre cœur. Dieu nous prépare dans la sanctification. Je bénis tante Calixte que Dieu a utilisé pour me faire grandir dans ma consécration.

Chapitre 13

MA MISSION

Chapitre 13 : MA MISSION

PERSONNE NE PEUT DETRUIRE UNE ŒUVRE OU UN MANDAT VENANT DE DIEU

En février 2009, j'avais complètement déménagé aux Etats-Unis et je préparais le 3ème Congrès international de la Femme Noire qui devait se tenir en novembre 2009, à Kinshasa en République Démocratique du Congo, sous le Haut patronage de la Première Dame. J'avais mis en place une équipe de dix personnes environ pour les préparatifs de cet événement d'envergure, c'était le premier congrès en Afrique, les défis étaient donc très importants.

En juillet 2009, mon équipe et moi avions effectué un premier voyage à Kinshasa pour affiner les préparations. Dans le groupe il y avait Vicki qui avait pour mission de préparer la délégation de France à assister au congrès. En plus de cette tâche, elle a intégré l'équipe des relations publiques lors du voyage de préparations.

Ce groupe de Relations publiques avait également la charge de la recherche de sponsors à Kinshasa. Mais Vicki se faisait du Business dans le dos de l'organisation, elle entrait par une porte de négociations et ressortait de l'autre sans qu'on ait eu le temps de comprendre ce qu'elle faisait.

Lors d'un rendez-vous avec le Patron d'un grand groupe de téléphonie du Congo, qui avait déjà donné son accord pour nous sponsoriser, Vicki en pleine séance de clôture du contrat fait entrer son mari dans la salle de réunion, qui introduit immédiatement son dossier qui était en attente dans la société depuis longtemps. Ce fut un malaise général dans la salle de réunion. Les patrons ont pris congés de nous et nous n'avons pas reçu de cette compagnie.

Tous les voyages que nous avons effectués jusqu'ici ont été à nos frais, aucun Etat, aucun gouvernement ne nous a pris en charge lorsque nous nous déplacions pour parler de la Vision des Femmes performantes.

Vicki s'est permise de demander le remboursement de nos billets d'avion (c'était surtout le sien) au Directeur du Cabinet de la Première Dame ; ce qui ne faisait pas du tout sérieux sur le plan des procédures.

J'ai dû faire une mise au point en lui disant que nous n'étions pas venus au Congo pour demander le remboursement de nos frais, mais pour travailler et démontrer que les femmes de la diaspora africaine peuvent mener en Afrique des projets concrets à long terme et avec succès. Je me suis également excusée auprès du Directeur du Cabinet pour le comportement léger de ma collaboratrice. Cela faisait déjà beaucoup d'égarement en peu de temps.

A la fin du mois de juillet 2009, la première partie de notre mission se terminait, nous sommes rentrés dans nos pays respectifs, car certains venaient de France, d'Afrique du Sud, du Cameroun et de Washington.

Nous devions revenir trois semaines avant la date du congrès prévue le 28 novembre 2009.

Au mois de septembre, j'ai entendu des rumeurs persistantes venant de Paris, disant que le Congrès n'aurait pas lieu, toutes les personnes qui me disaient cela, affirmaient que l'information leur venait de Vicki.

En effet ça faisait deux mois que je n'avais plus de contact avec le cabinet de la première Dame et curieusement personne ne répondait plus à mes appels téléphoniques au Congo, ni même à mes mails. L'équipe s'est mise en prières, Je n'avais que Dieu, je priais et je rappelais à Dieu que c'est lui en 2007, qui m'avait dit lorsque mes pieds ont foulé le sol congolais : « tu es au cœur de l'Afrique, c'est ici que je veux que tu fasses le premier Congrès en Afrique, parce que c'est le cœur de l'Afrique.»

Après mes prières, je me suis sentie en paix et avec assurance, j'ai continué mon travail de préparation avec les femmes de la diaspora africaine d'Amérique et d'Europe.

Adèle, une congolaise de la diaspora européenne a assisté en qualité d'invitée d'honneur aux deux premiers congrès qui ont eu lieu à Paris en 2007 et en 2008. Adèle revendiquait des honneurs, car elle estimait que si le congrès se passait au Congo, c'est parce qu'elle avait demandé à la première Dame du Congo d'accepter d'être marraine de l'événement. Je me souviens qu'en février 2008,

Adèle m'avait appelée de Kinshasa pour me dire qu'elle m'a obtenu un rendez-vous avec la première Dame et qu'il fallait absolument que j'arrive à Kinshasa. Je n'avais pas d'argent, deux amies m'ont prêtée de l'argent et je suis partie. Dès mon arrivée, Adèle m'a dit : « j'ai rencontré la première Dame hier et elle est d'accord pour parrainer le congrès.»

Elle m'avait fait venir au Congo pour rencontrer la première Dame du Pays et elle m'annonce dès mon arrivée qu'elle l'a déjà rencontrée sans moi ! Sans en faire une histoire, je me suis mise au travail, j'ai organisé une conférence de presse pour partager la vision et pour sensibiliser les femmes congolaises sur l'importance de ce Congrès pour leurs affaires et pour leur pays.

Je n'ai donc jamais vu la première Dame en 2008 à cette occasion ; je ne cherchais pas particulièrement à la voir, parce que je savais que Dieu avait un plan et il savait comment orchestrer les choses.

Vers la fin du mois de septembre, je reçois un mail du Congo, d'une personne anonyme que Dieu a utilisée, qui me met en copie les conversations d'Adèle et de sa sœur Raïssa qui fomentent des coups pour me discréditer auprès du gouvernement congolais et pour faire échouer le congrès, elles étaient décidées à m'abattre à coup sûr.

La rumeur de Paris se faisait de plus en plus présente et plusieurs personnes me confirmaient que cette Adèle avait le pouvoir de faire échouer ce congrès parce qu'elle a le bras long et peut influencer le gouvernement congolais. Moi je leur répondais que mon bras long c'est Jésus, celui qui m'a ordonné de faire le congrès au Congo.

Avec beaucoup de recul, je me dis que ces personnes avec qui j'étais en conversation me prenaient pour naïve, pour et croyaient vraiment que tout était terminé pour moi. Je m'en tenais simplement à l'ordre que Dieu m'avait donné d'organiser le premier congrès en 2009 au Congo et j'avançais dans mes préparatifs fermement sans tenir compte des circonstances et des oppositions.

Le 03 octobre 2009, mon équipe et moi atterrissions à Kinshasa après des jeunes et prières. Vicki ne faisait plus partie de l'équipe, mais elle continuait sa campagne d'intoxication et de déstabilisation, je ne m'inquiétais pas.

Nous avons imploré la faveur de Dieu et lui avons demandé de changer l'atmosphère spirituelle qui planait sur Kinshasa dès que nous foulerons le sol congolais, à l'exemple des quatre lépreux qui sont arrivés dans le camp des syriens et qui ont fait taire toute l'armée qui s'était dressée contre le peuple de Dieu (2 Rois 7)

Adèle et Vicki ont été les principales instigatrices de la conspiration contre la tenue du 3ème congrès à Kinshasa ; dès notre arrivée, un membre du gouvernement m'a prévenu de la manœuvre qu'elle avait mise en place pour nous faire échouer et me montra une copie d'une de ses correspondances adressées au chef de l'Etat, dans laquelle elle demandait l'annulation du Congrès, car pour elle, une Camerounaise ne devait pas venir escroquer et voler les femmes congolaises.

Sa lettre suggérait également à la première Dame de m'écarter du projet et de récupérer l'événement afin que les congolaises en fassent leur affaire. Je précise qu'Adèle est de nationalité Belge, mais d'origine congolaise. Elle profitait de sa position dans le gouvernement Belge pour influencer la décision du gouvernement congolais.

J'ai lu cette correspondance avec beaucoup d'attention et j'ai simplement répondu au membre du gouvernement que si cette œuvre est des hommes, les hommes la feront échouer, mais si elle est de Dieu, personne ne pourra la détruire, que les instigateurs d'un éventuel échec ne courent pas le risque d'avoir combattu contre Dieu. Lorsque le mandat vient de Dieu, personne ne peut le détruire. Actes 5, verset 38/39.

Le gouvernement congolais, particulièrement les femmes en charge de ce dossier avaient pris acte de la lettre d'Adèle, des appels de Vicki à la présidence et ont choisi de gérer la situation à leur manière en privant notre organisation d'user selon les besoins du cahier des charges, du montant de plus de cinq cent mille dollars alloués par le président de la République pour soutenir cette rencontre qui mettrait en avant le travail des femmes congolaises et les réalisations effectuées par les femmes noires dans le monde.

Les personnes du gouvernement en charge de la gestion de ces fonds, ont décidé délibérément de ne pas mettre à notre disposition un budget de fonctionnement sur le terrain, et nous ont exigé la responsabilité des charges importantes du congrès telles que les billets d'avion de plus de quarante personnes, intervenants, formateurs et invités d'honneur, leurs frais d'hôtel, leur restauration pendant dix jours, les repas du congrès pour mille personnes pendant deux jours, la prise en charge des hôtesses, des brochures pour tous les participants et d'autres services associés au Congrès, sans compter la prise en charge de notre équipe internationale d'environ dix personnes

                    Patricia Esther Secke

arrivées au Congo trois semaines avant le Congrès.

Nous étions promoteur de l'événement dans le monde entier, nous avons travaillé nuit et jour pour le succès de cette rencontre mondiale et pour que la République Démocratique du Congo, qui jusque là, était connue sur la scène internationale comme un pays où ne sévissent que guerres, viols des femmes, misère, pauvreté, Sida, soit montrée aux yeux du monde et des médias internationaux, comme un pays où il fait bon vivre et où le potentiel de la femme est non négligeable quant à sa contribution dans le développement du pays et dans le continent africain.

Nous avons subi oppression sur oppression, menaces, intimidations. La dame du gouvernement responsable de l'hébergement de notre équipe arrivée trois semaines avant le Congrès, (quatre personnes venues de Washington et Paris) n'a jamais payé notre hébergement, encore moins nos repas. Nous avons dû un soir, en plein préparatifs du Congrès dormir sur la moquette dans une chambre, car les autres chambres ont été bloquées faute de paiement.

Nous sommes restés un mois au Congo et avons nous-mêmes endossé nos frais d'hébergement, repas, transport, essence, téléphone, billets d'avion, etc. Pour obtenir le résultat d'un Congrès de plus de cinq mille personnes avec d'éminentes personnalités que nous avons fait venir de l'Etranger, des formateurs de haut niveau qui sont venus apporter leur soutien et honorer la femme congolaise.

Mais gloire soit rendue à Dieu pour sa fidélité, car les frais d'inscription des participantes et le soutien de quatre sponsors nous ont permis de payer plus de la moitié des factures. Dieu était à l'œuvre et il nous a honorés, nous avons eu beaucoup de combats, des batailles à tous les niveaux, surtout avec les femmes membres du gouvernement.

DEROULEMENT DU CONGRES 2009

Dès notre arrivée à Kinshasa, avec notre équipe en place, nous avons travaillé de manière stratégique pour sensibiliser les femmes, malgré toutes les pressions que nous avions, les choses s'organisaient de façon extraordinaire, les femmes arrivaient de partout. Elles voulaient comprendre ce qui se préparait, elles voulaient s'impliquer, elles voulaient apporter leur contribution, elles voulaient démontrer de quoi elles sont capables, elles voulaient s'exprimer.

A part le refus des membres du gouvernement en charge du Budget de coopérer avec nous pour le partage des charges, une mobilisation remarquable s'est faite au niveau du gouvernement, le jour du congrès, toutes les institutions du gouvernement, le corps diplomatique, les femmes de toutes les couches sociales étaient présentes.

Nos formateurs ont formé environ mille femmes sur le management d'entreprise, la renaissance africaine, le Réseautage d'affaires, la force du Réseau, la force de l'unité des femmes, essentielle pour le développement de l'Afrique.

Nous avons eu l'honneur lors de ce Congrès, de recevoir les Premières Dames de la République Démocratique du Congo, de la République de Zambie et de la République du Congo Brazzaville. Elles se sont rendues disponibles, elles ont participé aux sessions plénières, elles ont fait le tour de la « place du marché et expositions » elles ont échangé avec les congressistes.

La place du marché est un concept que nous avons mis en place pour apporter de la visibilité et de la reconnaissance aux femmes de l'ombre qui mènent des actions concrètes et ciblées sur le terrain afin de les aider à briser l'isolement, à sortir de l'anonymat et à partager leurs talents avec d'autres femmes en créant des connexions adéquates.

Le président de la République Démocratique du Congo, son Excellence Monsieur Joseph Kabila, nous a également honorés de sa présence lors du Gala des Palmes de l'Excellence Féminine qui clôturait les assises. Un panel de femmes performantes de notre organisation se sont vu décerner des trophées, en guise de reconnaissance de leur professionnalisme et de leur bravoure dans leur secteur d'activité.

Immédiatement après le congrès, nous sommes partis de la République Démocratique du Congo. Nous avons réussi et Dieu s'est manifesté en notre faveur, c'était pour moi l'essentiel, ceux qui conspiraient pour faire échouer le congrès ont échoué.

Mais ils ne se sont pas arrêtés là, car le diable lorsqu'il ne réussit pas à te détruire, il organise une diffamation et t'accuse ; c'est l'accusateur ! Mais Jésus-Christ a précipité l'accusateur. La récompense que j'ai reçue pour le travail abattu par mon équipe était : insultes, injures, critiques, accusations de tout genre. Un mail a d'ailleurs circulé sur internet affirmant que j'ai reçu une somme de trois cent mille euros de la Première Dame du Congo.

Quelques membres de mon équipe ont même douté de moi, ils ont cru que j'avais reçu de l'argent du gouvernement congolais sans leur donner « leur part » ; les plus impatients et affairistes de mon équipe ont fait leur business en parallèle et ont pris des enveloppes de la part de certains ministres. Les frustrés ont abandonné la mission, ceux-là même qui clamaient avoir la profonde conviction que cette œuvre est vraiment de Dieu et qui juraient de me suivre partout.

Le plus troublant c'est que même certains pasteurs, serviteurs de Dieu que nous avions invités d'Europe et d'Amérique (billets d'avion, hôtels, transport sur place et repas payés) n'ont pas compris le rôle qu'ils avaient à jouer dans cet événement où Dieu établissait les bases d'un tournant décisif pour l'Afrique et pour le Congo. Ils ont été aveuglés, séduits par la rumeur qui circulait sur l'argent, ils m'ont également vilipendé, rejeté, au lieu de prier pour moi et de prier contre les injustices récurrentes en Afrique. Certains ont même cru que j'avais effectivement reçu de l'argent de la Première Dame. J'ai compris que plusieurs ne sont pas dignes d'être avec moi, ou plutôt de poursuivre avec moi cette mission sacrée, ils se sont laissé prendre par Mammon (le dieu de l'argent).

Ceux qui ne peuvent pas ou ne veulent pas suivre la montée toujours ascendante de mon travail, ne doivent pas empêcher cette ascension. Jésus a dit : « on les reconnaitra à leurs fruits ». Leur bouche parle de Dieu, mais leur cœur est rempli de convoitise.

J'ai pris la décision, pour atteindre les objectifs que je me suis fixés, de me séparer de ceux qui me rendent faible, sinon ils vont me mener à l'échec et en enfer.

J'ai réalisé à la fin de ce 3ème Congrès, que lorsqu'on fait de bonnes choses, beaucoup ne sont là que pour en profiter. Nous travaillons nuit et jour, nous abattons un travail remarquable, mais tous feignent de ne rien voir et lorsque nous sommes en difficultés, très peu de personnes sont là pour nous épauler; j'en profite pour remercier madame Aurelia Mendes Talamaku, qui nous a beaucoup soutenus lors de ce Congrès. Que Dieu se souvienne des actes généreux qu'elle a posés.

Dieu a permis ces épreuves, pour tester ma capacité à rester fermement attachée à lui dans l'humilité. L'opposition que j'ai rencontrée était un test pour mesurer la confiance que j'ai en ce que Dieu m'a révélé.

Mon objectif en allant en République Démocratique du Congo n'était pas de m'enrichir, comme tout le monde l'a fortement pensé, mon objectif était d'obéir à Dieu qui m'avait ordonné de commencer le premier congrès en Afrique dans ce pays.

En quittant le pays, dans l'avion, j'ai simplement dit : Seigneur, j'ai fait ce que tu m'as dit de faire, je reconnais que cela a été possible que parce que tu l'as voulu. Je te confie toutes les personnes qui nous ont persécutés, toutes celles qui ont usurpé ce qui revenait à notre organisation, je m'en vais tranquille car j'ai ta promesse qui dit que « Celui que Dieu aura déclaré coupable restituera le double à l'autre » Exode 22 verset 8.

Je sais que la parole de Dieu ne retourne pas à lui sans effet. Que Dieu bénisse la République Démocratique du Congo, pour le plan parfait qu'il a pour ce peuple.

Chapitre 14

PREFEREZ MES INSTRUCTIONS A L'ARGENT, ET LA SCIENCE A L'OR LE PLUS PRECIEUX. Proverbes 8 verset 10

Chapitre 14 : PREFEREZ MES INSTRUCTIONS A L'ARGENT, ET LA SCIENCE A L'OR LE PLUS PRECIEUX. Proverbes 8 verset 10

A la clôture du 3ème congrès, la première Dame de la Zambie a souhaité accueillir le 4ème congrès dans son pays afin de faire profiter les femmes zambiennes de la vision de notre organisation et de ses avantages.

La femme africaine étant au cœur de notre mission, nous avons accepté de découvrir la femme zambienne et avec elle de construire une Afrique qui gagne. Nous nous sommes mises au travail pour que le 4ème congrès en Zambie soit un succès.

En janvier 2010, La Première Dame de la Zambie était arrivée aux Etats-Unis et m'avait personnellement téléphoné pour me dire qu'elle souhaitait que les préparatifs démarrent tôt pour une réussite totale. Elle m'a communiqué son *courriel* et trois mois plus tard, je recevais une invitation officielle de sa part m'invitant à effectuer un voyage de préparations en Zambie en juillet. J'y suis allée avec ma collaboratrice madame Parker Mabry. Ce voyage était aux frais de l'organisation : billets d'avion, hôtel et repas.

La première Dame a organisé un petit-déjeuner en notre honneur, en présence des compagnies zambiennes, elle a annoncé solennellement la prochaine tenue du congrès et a mis en place un comité d'organisation chargé de travailler en étroite collaboration avec notre organisation Africa Femmes Performantes.

Deux mois avant la date du congrès prévu en Zambie début novembre 2010, le comité d'organisation zambien m'a annoncé que les Nations Unies, au travers de leur organe œuvrant pour éradiquer la pauvreté dans les pays pauvres avant 2015 (le PNUD : Programme des Nations Unies pour le Développement) souhaitaient être partenaire du 4ème congrès et le sponsoriser à hauteur de cent mille dollars. L'idée semblait intéressante ; nous avions eu une téléconférence avec le comité de la première Dame et les agents du PNUD en Zambie.

Ils ont voulu modifier le concept d'Africa Femmes Performantes et le remplacer par le programme des Nations Unies pour le Développement. En 2000, les Nations Unies se sont fixé des objectifs du millénaire pour le développement en planifiant d'éradiquer la pauvreté en 2015 dans tous les pays pauvres du monde, notamment en Afrique. Nous étions déjà en 2010, leur plan d'éradication n'avait pas beaucoup avancé. L'opportunité de travailler avec nous en Zambie, était donc une parade de justification.

                    Patricia Esther Secke

Les agents du PNUD en Zambie venaient de trouver en Africa Femmes Performantes le bon alibi pour justifier qu'ils travaillent. Ils m'ont adressé par mail un programme de sept pages dans lequel la vision que Dieu m'avait donnée n'apparaissait plus, ils ont changé le titre de notre événement, le concept est devenu : « *Le Pnud organise en partenariat avec Africa Femmes Performantes le 4ème Congrès de la femme africaine* » Tout le programme sur lequel nous avions travaillé pendant plus d'un an tombait à l'eau, pour cent mille dollars qui n'étaient même pas destinés à nos travaux.

Cette situation m'a rappelée une prédication intéressante qui disait que l'enfantement d'une vision, d'un enfant est toujours une bataille, plus on approche de cet enfant réel, plus le diable se tient devant nous pour le dévorer. Si le diable ne peut pas nous empêcher d'asseoir notre vision, le premier moyen qu'il usera pour nous détruire, c'est qu'il essayera de s'impliquer dans la mission, il essayera de nous aider. Mais cette aide est un désastre. A quoi sert-il à un homme de gagner le monde s'il perd son âme ?

La proposition des cent mille dollars des Nations Unies pour sponsoriser le congrès n'était qu'un appât pour nous attirer dans leurs filets et nous détruire par la suite ; ceci pour justifier que les Africains ne peuvent rien organiser eux-mêmes et qu'ils doivent toujours être assistés par les organisations internationales. La pauvreté est un justificatif important de l'existence du PNUD en Afrique, si une organisation africaine se met à travailler sérieusement avec des résultats palpables, ils n'auront plus de raison d'être et de rester en Afrique, donc, il faut détruire en filigrane toute organisation ayant pour but de rendre autonomes les Africains, d'abord en proposant de l'aide, puis en détournant le concept.

J'ai répondu catégoriquement « non » à cette suggestion, car je savais en plus que ces cent mille dollars n'iraient pas pour la promotion des femmes zambiennes, si le PNUD était en Zambie pour éradiquer la pauvreté, il n'avait pas besoin d'être partenaire avec nous pour faire leur travail ; en plus que le comité de la première Dame souhaitait mettre cet argent sur un compte géré par eux-mêmes et me réclamait également la contribution de notre organisation sur le même compte sans en avoir la signature.

 La Zambie est classée comme un des pays les plus pauvres du monde. Une femme qui souhaite se lancer dans le petit commerce au marché a besoin de 50 dollars comme capital, soit 250 mille Kwasha (franc zambien). Pourquoi le PNUD, qui détient certainement les analyses et les rapports sur la situation du travail des femmes en Zambie ne travaille-t-il pas directement avec les organisations de femmes sur place pour impacter et promouvoir leur travail ? Cent mille dollars aurait considérablement fait avancer les objectifs du millénaire pour le développement en Zambie sans avoir besoin d'être partenaire avec Africa Femmes Performantes.

Le comité d'organisation n'a pas digéré mon refus et a décidé d'empêcher la tenue du 4eme Congrès international de la Femme noire en Zambie.

Nous avons eu droit à la diffamation, au sabotage, de connivence avec la responsable de communication de la première Dame, la nouvelle Ambassadrice de Zambie à Washington a fait un rapport à la première Dame via son comité sur notre organisation en disant que nous ne sommes répertoriés nulle part dans les registres officiels aux Etats-Unis et que la première Dame ne devait surtout pas s'impliquer dans ce genre d'organisation qui discréditerait son image de première Dame de Zambie. Cette ambassadrice m'avait également fait un courrier me demandant d'accepter l'offre du PNUD, car c'était la seule condition pour que la première Dame s'implique dans ce projet. J'ai refusé cette proposition.

Le gouvernement zambien a annulé le congrès pour cent mille dollars. Dieu ayant la solution à toute situation, il nous a permis de rebondir et d'organiser le Congrès au Cameroun. Les participantes ont suivi le mouvement, au Cameroun, nous avons eu en 10 jours de réadaptation une délégation totale de deux cents personnes venant de l'étranger et un 4ème congrès réussi avec plus de cinq cent personnes au total.

Nos sponsors nous ont suivi, ce fut un congrès de qualité, qui a permis aux femmes présentes de comprendre les défis et les défis auxquels nous devons faire face en Afrique pour un véritable développement et pour une délivrance totale de l'esclavage, du joug des puissances extérieures occidentales et de notre ennemi qui est nous-mêmes, l'Africain doit apprendre à composer avec l'Africain pour sortir l'Afrique du gouffre. Dieu nous dit de préférer ses instructions à l'argent et c'est ce que j'ai fait, Dieu nous a préservé de la honte, de l'échec, de la catastrophe. Toutes ces épreuves sont de la nourriture solide qui nous prépare à de meilleurs succès.

Chapitre 15

LA FIDELITE DE DIEU

Chapitre 15 : LA FIDELITE DE DIEU

Notre Seigneur est celui qui nous appelle pour ses propres desseins. Il est fidèle et c'est lui qui orchestre toute chose. Lorsque le Seigneur m'a révélé que cette mission avait pour objectif de restaurer tout le peuple noir qui a connu quatre siècles d'esclavage depuis le 14ème siècle, le partage de son sol par une division arbitraire en 1885 à la conférence de Berlin, la colonisation, l'impérialisme, le mépris, l'humiliation.

Le peuple noir qui aujourd'hui encore, à l'aube du troisième millénaire subit des atrocités et des injustices qui vont au-delà de l'entendement humain. Il y a de quoi comprendre qu'il s'agit bien sûr d'ennemis prophétiques. L'esclavage des noirs ne s'est jamais terminé, il a simplement pris plusieurs formes au fil du temps.

Lorsque Dieu se révèle à nous, il nous confirme toujours sa volonté dans les saintes écritures. Le mandat prophétique de ma mission se trouve dans Esaïe 43 verset 5 à 7 : **« Ne crains rien, car je suis avec toi; Je ramènerai de l'orient ta race et je te rassemblerai de l'occident. Je dirai au septentrion: Donne! Et au midi: Ne retiens point! Fais venir mes fils des pays lointains, et mes filles de l'extrémité de la terre. Tous ceux qui s'appellent de mon nom et que j'ai créés pour ma gloire, Que j'ai formés et que j'ai**

   Patricia Esther Secke

faits. Qu'on fasse sortir le peuple aveugle, qui a des yeux, et les sourds, qui ont des oreilles. »

Lorsque j'ai compris ma mission, je ne savais pas quelle direction prendre et quelle stratégie adopter. J'ai appris à faire confiance au Seigneur quant aux stratégies de travail et à la sensibilisation des personnes ressources et des personnes clés devant cheminer avec moi vers l'accomplissement et la réalisation de cette mission.

Une porte s'est ouverte avec les femmes noires américaines en qui Dieu a mis le désir de rentrer en Afrique, celles qu'il a appelés Lui-même ; dans le but de travailler pour l'Afrique et d'œuvrer pour un vrai départ.

C'est le Seigneur lui-même qui nous choisit, qui positionne chaque personne selon ses desseins glorieux: Ce n'est pas vous qui m'avez élu, mais c'est moi qui vous ai élus et qui vous ai établi, afin que vous alliez partout et que vous produisiez du fruit et que votre fruit soit permanent » Jean 15 verset16.

Dieu est fidèle, ses plans se réaliseront pour le peuple africain, l'Afrique connaitra la délivrance, le peuple noir sera restauré d'une manière incroyable comme le prédisent les prophètes de l'Eternel !

Nos ancêtres ont payé un prix par leur résistance et par leur sang qui a coulé. Notre Seigneur Jésus-

Christ a lui-même payé à la croix du calvaire par chaque goutte de son sang qui a coulé pour nos péchés et pour la délivrance totale de chaque être humain. Le prix de Jésus et le sang de nos ancêtres n'ont pas coulé en vain. Il y a un temps pour tout, Dieu s'est souvenu de la race noire et a décidé de la justifier.

Je loue le Seigneur Jésus-Christ, celui qui nous a appelés dans sa moisson, je le loue pour ses ouvriers et ouvrières qu'il s'est choisis pour sa moisson, il est fidèle et c'est lui qui le fera. 1 Thessaloniciens 5/ 24.

Chapitre 16
CONCLUSION

Chapitre 16 : CONCLUSION

Les mots qui me viennent au cœur au moment où j'écris cette conclusion sont des mots d'exhortation et d'encouragement.

Depuis ma conversion à Christ, j'ai eu beaucoup d'épreuves dans le processus d'enfantement de cette vision que Dieu m'a donnée, mais j'ai gardé cette confiance en Dieu, même dans les moments les plus difficiles, je me souviens de ce que Dieu a fait pour moi, de ses bienfaits dans ma vie, il m'a donné le confort qu'il a jugé bon pour moi afin que je sois épanouie pour le servir.

Dieu m'a donné un mari que j'aime et qui participe à la réalisation de ma mission, agréable à vivre, il m'a donné un havre de paix. Jésus est le prince de paix et depuis que j'ai choisi de marcher avec lui, je suis dans la paix, une paix inexplicable, les choses pour lesquelles naguère j'aurais agi précipitamment, aujourd'hui, je sais garder patience et attendre le temps de Dieu.

Les intimidations dans une situation de crise ou de confusion ne me font plus paniquer, car je marche par la foi. Je sais lorsque le diable insiste dans l'oppression et dans l'intimidation, la victoire qui s'en suit après avoir tenu ferme est grande. Je sais que Dieu est au contrôle de toute chose et que sa lumière poindra toujours selon ses desseins et non selon mes desseins.

La mission que Dieu m'a confiée requiert beaucoup de moyens financiers. Lorsque je suis dans l'impasse, je me souviens d'un miracle que Dieu avait accompli en ma faveur en 2008. J'étais à un mois du 2ème congrès et je n'avais pas suffisamment de moyens pour l'organisation, je fus invitée à une soirée de « levée de fonds » organisée par la première Dame du Congo Brazzaville à Paris, je n'y connaissais personne en dehors d'Amélie qui m'avait invitée, nous étions sur une table de 8 personnes toutes millionnaires.

Et moi j'étais là au milieu, me demandant ce que je faisais là. La cérémonie de « levée de fonds » a commencé et tous les millionnaires faisaient des dons en annonçant chacun le montant de leurs dons.

J'étais noyée dans cette atmosphère d'argent qui coulait à flot et j'avais l'angoisse du congrès qui arrivait à grands pas alors que je n'avais pas la provision suffisante pour l'organisation. Cette fois j'ai demandé à Dieu « Seigneur, qu'est-ce que je fais ici ? Autant d'argent qui circule et je n'en ai pas assez pour finaliser l'organisation du prochain Congrès », alors j'ai encore entendu cette voix douce qui m'a dit : « La parole de Dieu est la solution à tous tes problèmes. Lorsqu'elle est méditée, pressée avec foi, elle produit une onction qui opère le miracle car la parole de Dieu ne peut retourner à Dieu sans accomplir son effet sur la terre.»

Tout de suite, un verset de la bible me vint à l'esprit, c'est cette parole qui était appropriée pour la situation : d'Esaïe 45/14 : « Ainsi parle l'Eternel, Les gains de l'Egypte les profits de l'Ethiopie …Passeront chez toi et seront à toi » l'Egypte dans la bible symbolise le monde et l'Ethiopie c'est l'Afrique. Toutes les personnes invitées à cette levée de fonds travaillent en Afrique et exploitent les richesses du pays.

J'avais mon miracle en main, j'ai immédiatement commencé discrètement à proclamer cette parole, à implorer la grâce et la faveur de Dieu. Mon esprit intercédait, je pressais la parole et je la pressais avec foi, tout à coup, le patron de la société TRAFIGURA, (grande compagnie pétrolière) qui était assis en face de moi lança une boutade sur les femmes.

Amélie qui était exactement à ma droite rétorqua en disant « attention à ce que tu dis, car tu ne sais pas qui tu as en face de toi, et lui de dire « qui elle est » ? C'est la présidente du congrès international de la femme noire ? « Ah bon ? » et il m'adressa la parole en disant « raconte moi un peu ce que tu fais ».

Je lui ai confirmé que je suis présidente d'une organisation qui fait la promotion des talents de femmes noires dans le monde entier, que chaque année, j'organise des congrès de femmes et que le prochain se tenait dans un mois à Paris.

Assis à côté de son banquier suisse, il lui tapota l'épaule en disant « mais c'est ce genre d'événement que nous devons aider et subventionner. La fondation de notre compagnie peut le faire », et il me demanda, « tu as besoin de combien » ?

Intimidée parce que je ne le connaissais pas, gênée de donner un montant sans consulter Amélie qui m'avait invitée, je suis revenue à un raisonnement d'humain et j'ai oublié que je venais de libérer l'onction de miracle.

J'ai voulu regarder Amélie et il m'a dit « non, ne la regarde pas, dis-moi combien tu veux pour ton Congrès », je n'ai rien dit, il a dit à son banquier, « envoie-lui une subvention la semaine prochaine pour son Congrès » son banquier m'a tendu sa carte de visite en me disant « envoyez-moi votre relevé d'identité bancaire lundi et je vous envoie 15 mille dollars. » une semaine plus tard, j'avais les 15 mille dollars sur le compte de l'organisation.

Dieu est vrai, Dieu est fidèle et veut nous aider, Dieu est un Dieu de miracles qui est derrière sa parole pour l'accomplir, apprenons à lui faire confiance. Je vous exhorte à vous inspirer des Saintes-Ecritures dans tout ce que vous faites.

Vous pouvez comme moi atteindre vos objectifs dans vos rêves les plus profonds, à condition de vous soumettre à la parole de Dieu. Obéir aux préceptes de Dieu, c'est avoir l'autorité de faire de plus grandes œuvres tel que Jésus-Christ l'avait prophétisé.

D'après la parole infaillible de Jésus-Christ, celui qui croit, fait des œuvres aussi grandes et même plus grandes que celles qu'opère le Fils de Dieu, puisque ses fidèles ont converti le monde, fait pratiquer des vertus inouïes, et que ceux qui ont cru en lui se sont changés eux-mêmes, mais avec sa grâce.

« En vérité, en vérité, je vous le dis, celui qui croit en moi fera aussi les œuvres que je fais, et il en fera de plus grandes, parce que je m'en vais au Père » Jean 14, verset 12.

Quelles que soient les difficultés, les pièges, les conspirations, les complots contre vous ou contre vos projets, tenez fermes et confiez vous en l'Eternel, car ceux qui se confient en l'Eternel renouvellent leur force. Ils prennent le vol comme les aigles; Ils courent et ne se lassent point, ils marchent et ne se fatiguent point. La victoire est inévitablement au bout.

A Dieu toute la gloire.

Que Dieu vous bénisse !